*a aventura de Miguel Littín
clandestino no Chile*

Obras do autor

O amor nos tempos do cólera
A aventura de Miguel Littín clandestino no Chile
Cem anos de solidão
Cheiro de goiaba
Crônica de uma morte anunciada
Do amor e outros demônios
Doze contos peregrinos
Em agosto nos vemos
Os funerais da Mamãe Grande
O general em seu labirinto
A incrível e triste história da cândida Erêndira e sua avó desalmada
Memória de minhas putas tristes
Ninguém escreve ao coronel
Notícia de um sequestro
Olhos de cão azul
O outono do patriarca
Relato de um náufrago
A revoada (O enterro do diabo)
O veneno da madrugada (A má hora)
Viver para contar

Obra jornalística

Vol. 1 – Textos caribenhos (1948-1952)
Vol. 2 – Textos andinos (1954-1955)
Vol. 3 – Da Europa e da América (1955-1960)
Vol. 4 – Reportagens políticas (1974-1995)
Vol. 5 – Crônicas (1961-1984)
O escândalo do século

Obra infantojuvenil

A luz é como a água
María dos Prazeres
A sesta da terça-feira
Um senhor muito velho com umas asas enormes
O verão feliz da senhorita Forbes
Maria dos Prazeres e outros contos (com Carme Solé Vendrell)

Antologia

A caminho de Macondo

Teatro

Diatribe de amor contra um homem sentado

Com Mario Vargas Llosa

Duas solidões: um diálogo sobre o romance na América Latina

GABRIEL GARCÍA MÁRQUEZ

*a aventura de Miguel Littín
clandestino no Chile*

TRADUÇÃO DE
ERIC NEPOMUCENO

5ª edição

EDITORA RECORD
RIO DE JANEIRO • SÃO PAULO
2024

CIP-BRASIL. CATALOGAÇÃO NA FONTE
SINDICATO NACIONAL DOS EDITORES DE LIVROS, RJ

G21a
5ª ed.

García Márquez, Gabriel, 1927-2014
A aventura de Miguel Littín clandestino no Chile: uma reportagem / de Gabriel García Márquez; tradução de Eric Nepomuceno – 5ª. ed. – Rio de Janeiro: Record, 2024.

Tradução de: La aventura de Miguel Littín, clandestino en Chile
ISBN 978-85-01-03335-2

1. Littín, Miguel. 2. Diretores e produtores de cinema – Chile – Biografia. 3. Chile – Política e governo, 1973- 1988. 4. Chile – Descrições e viagens. I. Título.

08-0181

CDD: 983.0647
CDU: 94(83)"1973/1988"

Título original espanhol
LA AVENTURA DE MIGUEL LITTÍN
Clandestino en Chile

Copyright© by 1986 Gabriel García Márquez

Direitos exclusivos de publicação em língua portuguesa somente para o Brasil adquiridos pela
EDITORA RECORD LTDA.
Rua Argentina, 171 – Rio de Janeiro, RJ – 20921-380 – Tel.: (21) 2585-2000, que se reserva a propriedade literária desta tradução.

Impresso no Brasil

ISBN 978-85-01-03335-2

Seja um leitor preferencial Record.
Cadastre-se no site www.record.com.br e
receba informações sobre nossos lançamentos
e nossas promoções.

EDITORA AFILIADA

Atendimento e venda direta ao leitor:
sac@record.com.br

No começo de 1985, o diretor de cinema Miguel Littín — um chileno que figura numa lista de cinco mil exilados absolutamente proibidos de retornar à sua terra — esteve no Chile por artes clandestinas durante seis semanas e filmou mais de sete mil metros de película sobre a realidade de seu país depois de doze anos de ditadura militar. Com a cara mudada, com um estilo diferente de se vestir e de falar, com documentos falsos e com a ajuda e a proteção das organizações democráticas que atuam na clandestinidade, Littín dirigiu de ponta a ponta do território nacional — inclusive dentro do Palácio de La Moneda — três equipes europeias de cinema, que tinham entrado ao mesmo tempo que ele com diversas coberturas legais, e outras seis equipes juvenis da resistência interna. O resultado foi um filme de quatro horas para a televisão e outro de duas para o cinema, que começam a ser projetados pelo mundo afora.

    Quando Miguel Littín me contou em Madri o que tinha feito, e como tinha feito, pensei que atrás de seu filme havia outro filme sem ter sido feito e que corria o risco de ficar inédito. Foi assim que ele aceitou submeter-se a um interrogatório exaustivo de quase uma semana, cuja versão gravada durava dezoito horas. Ali, ficou completa a aventura humana, com todas as suas implicações profissionais e políticas, que tornei a contar condensada nestes dez capítulos.

Alguns nomes foram mudados e muitas circunstâncias alteradas para proteger os protagonistas que continuam vivendo dentro do Chile. Preferi conservar a narrativa na primeira pessoa, do jeito que Littín me contou, tratando de preservar dessa forma seu tom pessoal — e às vezes confidencial —, sem dramatismos fáceis nem pretensões históricas. O estilo do texto final é meu, é claro, pois a voz de um escritor não é intercambiável, e menos ainda quando ele teve de comprimir quase seiscentas páginas em menos de cento e cinquenta. Em todo caso, procurei na medida do possível conservar os modismos chilenos da narração original, e respeitar sempre o pensamento do narrador, que nem sempre coincide com o meu.

Pelo método da investigação e pelo caráter do material, esta é uma reportagem. Mas é mais: é a reconstrução emocional de uma aventura cuja finalidade última era sem dúvida muito mais profunda e comovedora que o propósito original e bem-sucedido de fazer um filme driblando os riscos do poder militar. O próprio Littín disse: "Este não é o ato mais heroico da minha vida, é o mais digno." Assim é, e creio que esta é a sua grandeza.

Gabriel García Márquez

1

A AVENTURA DE MIGUEL LITTÍN CLANDESTINO NO CHILE

O VOO 115 DA LADECO, procedente de Assunção do Paraguai, estava a ponto de aterrissar com mais de uma hora de atraso no aeroporto de Santiago do Chile. À esquerda, a quase sete mil metros de altura, o Aconcágua parecia um promontório de aço sob o fulgor da lua. O avião se inclinou sobre a asa esquerda com uma graça pavorosa, endireitou-se em seguida com um rangido de metais lúgubres, e tocou a terra antes do tempo com três saltos de canguru. Eu, Miguel Littín, filho de Hernán e Cristina, diretor de cinema e um dos cinco mil chilenos absolutamente proibidos de regressar, estava de novo em meu país depois de doze anos de exílio, embora ainda exilado dentro de mim mesmo: levava uma identidade falsa, um passaporte falso e até uma esposa falsa. Minha cara e minha aparência estavam tão modificadas pela roupa e pela maquiagem, que nem minha própria mãe haveria de me reconhecer em plena luz, alguns dias mais tarde.

Pouquíssimas pessoas no mundo conheciam este segredo, e uma delas ia sentada no mesmo avião. Era Elena, uma militante da resistência chilena, jovem e muito atraente, designada pela sua organização para manter as comunicações com a rede clandestina interna, determinar os lugares apropriados para os encontros, avaliar a operação, marcar os encontros, velar pela nossa segurança. Caso eu fosse descoberto pela polícia ou desaparecesse, ou não fizesse durante mais de vinte e quatro horas os contatos estabelecidos antes, ela deveria tornar pública minha presença no Chile para que fosse dado o alarma internacional. Embora nossos documentos de identidade não estivessem vinculados, tínhamos viajado de Madri, através de sete aeroportos de meio mundo, como se fôssemos um casal qualquer. Mas neste último trajeto de uma hora e meia de voo tínhamos decidido sentar-nos separados e desembarcar como se não nos conhecêssemos. Ela passaria pela alfândega depois de mim, para avisar seu pessoal no caso de eu ter algum tropeço. Se tudo desse certo, tornaríamos a ser um casal normal na saída do aeroporto.

Nosso propósito era muito simples no papel, mas na prática significava um grande risco: tratava-se de filmar um documentário clandestino sobre a realidade no Chile depois de doze anos de ditadura militar. A ideia era um sonho que dava voltas em minha cabeça há muito tempo, porque a imagem do país tinha se perdido para mim nos nevoeiros da nostalgia, e para um homem de cinema não há modo mais certeiro de recuperar a pátria perdida que voltar a filmá-la por dentro. Este sonho fez-se mais sufocante quando o governo chileno começou a publicar listas de exilados aos quais seria permitido o retorno, e não encontrei meu nome em nenhuma. Mais tarde, atingiu extremos de desespero quando foi publicada a lista dos cinco mil que não poderiam regressar, e eu era um deles. Quando finalmente concretizou-se o projeto, quase por acaso e quando eu menos esperava, já fazia dois anos que eu tinha perdido a ilusão de realizá-lo.

Foi no outono de 1984, na cidade basca de San Sebastián. Eu tinha me instalado ali seis meses antes com Ely e nossos três filhos, para fazer um filme que, como tantos outros da história secreta do cinema, tinha sido cancelado pelos produtores quando faltava uma semana para começar as filmagens. Fiquei sem saída. Mas num jantar com amigos num restaurante popular, durante o festival de cinema, voltei a falar de meu velho sonho. Foi ouvido e comentado na mesa com interesse concreto, não só por seu alcance político evidente, mas também como uma gozação à prepotência de Pinochet. Só que a ninguém ocorreu que fosse alguma outra coisa além de pura fantasia do exílio. Mesmo assim, já de madrugada, quando regressávamos para casa pelas ruas adormecidas da cidade velha, o produtor italiano Luciano Balducci, que quase não falara na mesa, tomou-me pelo braço e me afastou do grupo de um modo que parecia casual.

— O homem que você precisa — disse — está esperando por você em Paris.

Era exato. O homem que eu precisava tinha um alto cargo na resistência interna do Chile, e seu projeto só se diferenciava do meu em alguns detalhes formais. Uma única conversa de quatro horas com ele, no ambiente mundano do La Coupole e com a participação entusiasmada de Luciano Balducci, foi suficiente para converter em realidade uma fantasia incubada por mim, até em seus mínimos detalhes, nas primeiras insônias quiméricas do exílio.

O primeiro passo era introduzir no Chile três equipes básicas de filmagem: uma italiana, uma francesa e uma de qualquer nacionalidade europeia com credenciais holandesas. Todas legais, com autorizações legítimas e com a proteção regulamentar de suas embaixadas. A equipe italiana, dirigida de preferência por uma jornalista, teria como cobertura a filmagem de um documentário sobre a imigração italiana no Chile, com ênfase especial na obra de Joaquino Toesca, o arquiteto que construiu o Palácio de La Moneda. A equipe francesa deveria obter credenciais para fazer um documentário ecológico sobre a geografia chilena.

A terceira equipe ia fazer um estudo sobre os últimos terremotos. Nenhuma das equipes deveria saber da existência das outras duas. Nenhum de seus integrantes teria conhecimento do que realmente estava sendo feito, nem saberia quem os estaria dirigindo nas sombras, a não ser o responsável de cada equipe, que deveria ser um profissional conhecido em seu meio, com formação política, e consciente de seus riscos. Foi a parte mais fácil, que eu resolvi com uma breve viagem aos países de origem de cada equipe. As três, credenciadas formalmente e com seus contratos em ordem, estavam já no Chile esperando instruções, na noite da minha chegada.

O drama de se transformar em outro

Na realidade, o processo mais difícil para mim foi o de me transformar em outra pessoa. A mudança de personalidade é uma luta cotidiana, na qual a gente se rebela constantemente contra nossa própria determinação de mudar, e quer continuar sendo o mesmo. Assim, a dificuldade maior não foi a aprendizagem, como poderia parecer, e sim minha resistência inconsciente tanto às mudanças físicas quanto às mudanças de comportamento. Tinha que me resignar a deixar de ser o homem que tinha sido sempre, e transformar-me em outro muito diferente, insuspeito até para a polícia repressiva que tinha me forçado a abandonar meu país, e irreconhecível até mesmo para os meus amigos. Dois psicólogos e um maquiador de cinema, sob a direção de um especialista em operações especiais clandestinas, destacado lá do Chile, conseguiram o milagre em pouco menos de três semanas, lutando sem descanso contra minha determinação instintiva de continuar sendo quem eu era.

A primeira coisa foi a barba. Não era só a simples questão de fazer a barba, e sim de sair da personalidade que ela tinha criado em mim. Tinha deixado a barba crescer quando era muito jovem, ao fazer meu primeiro filme, e depois tinha tirado a barba muitas vezes, mas nunca tinha filmado sem ela. Era como se a barba fosse inseparável de minha identidade de diretor. Também meus tios tinham usado barba, o que contribuía, sem dúvida, para aumentar meu afeto por ela. Tinha tirado a barba alguns anos antes, no México, e não consegui impor minha nova cara a meus amigos nem à minha família, nem a mim mesmo. Todos tinham a impressão de estar com um intruso, mas eu insistia em não deixá-la crescer outra vez, porque achava que ficava mais jovem. Foi Catalina, minha filha menor, quem resolveu minhas dúvidas.

— Sem barba você fica mais jovem — me disse —, mas também mais feio.

Portanto, tornar a tirar a barba para entrar no Chile não era apenas uma questão de creme de barbear e gilete, e sim um processo muito mais profundo de despersonalização. Foram cortando-a pouco a pouco, observando as mudanças em cada etapa, avaliando os efeitos que tinham em minha aparência e em meu caráter os diferentes cortes, até que chegamos ao nível da pele. Passaram-se vários dias até que eu tivesse coragem para enfrentar um espelho.

Depois foi o cabelo. O meu é de um negro intenso, herdado de uma mãe grega e de um pai palestino, do qual me vinha também a ameaça de uma calvície prematura. A primeira coisa que fizeram foi tingi-lo de castanho-claro. Depois ensaiaram diversas formas de penteado, e decidiram não contrariar a natureza. Em vez de dissimular a calvície, como se pensou no princípio, o que fizeram foi acentuá-la, não apenas com um penteado liso para trás, mas também terminando com pinças os estragos da depilação que os anos já tinham começado.

Parece mentira, mas há toques quase imperceptíveis que podem mudar a estrutura da cara. A minha, que é de lua cheia mesmo com menos quilos dos que eu então carregava, ficou mais alongada com a depilação profunda dos extremos das sobrancelhas. O curioso é que isso me deu um semblante mais oriental do que o que eu tenho de nascimento, mas que correspondia mais às minhas origens. O último passo foi o uso de óculos de grau, que nos primeiros dias me provocaram uma intensa dor de cabeça, mas que mudaram em mim não apenas a forma dos olhos mas também a expressão do olhar.

A alteração do corpo foi mais fácil, mas exigiu de mim maior esforço mental. A mudança de cara era em essência um assunto de maquiagem, mas a do corpo requeria um treinamento psicológico específico e um maior grau de concentração. Porque era ali que tinha que assumir a fundo a minha mudança de classe. Em vez das calças jeans que usava quase sempre, e de meus blusões de caçador, tinha que usar e me acostumar a usar roupas de tecido inglês de grandes marcas europeias, sapatos de camurça, gravatas italianas de flores pintadas. Em vez de meu sotaque de chileno rural, rápido e atormentado, tinha que aprender uma cadência de uruguaio rico, que era a nacionalidade mais conveniente para minha nova identidade. Tinha que aprender a rir de um modo menos característico que o meu, tinha que aprender a caminhar devagar, a usar as mãos para ser mais convincente no diálogo. Enfim, tinha que deixar de ser um diretor de cinema, pobre e inconformado como tinha sido sempre, para transformar-me no que menos gostaria de ser neste mundo: um burguês satisfeito. Ou como dizemos no Chile: um *momio*.

Se você der risada, morre

Ao mesmo tempo que me transformava em outro, fui aprendendo a viver com Elena numa mansão do 16º Distrito de Paris, submetido pela primeira vez a uma ordem estabelecida de antemão por alguém que não era eu, e a uma dieta de mendigo para perder dez quilos dos oitenta e sete que pesava. Não era minha casa, nem se parecia de jeito nenhum com a minha, mas devia ser minha casa na memória, pois tratava-se de cultivar lembranças para evitar contradições futuras. Foi uma das mais estranhas experiências da minha vida, pois rapidamente percebi que Elena era simpática e seria também na vida privada, mas jamais poderíamos ter vivido juntos. Ela tinha sido escolhida pelos especialistas por sua qualificação profissional e política, e devia me obrigar a andar na linha, sem nenhuma margem para a inspiração. Meu caráter de criador livre resistia a admitir isso. Mais tarde, quando tudo desse certo, perceberia que não tinha sido justo com ela, talvez porque de algum modo inconsciente a identificava com o mundo de meu outro eu, no qual eu resistia a me instalar, mesmo sabendo que era uma questão de vida ou morte. Agora, evocando aquela estranha experiência, me pergunto se afinal de contas não éramos um casal perfeito: mal e mal nos suportávamos debaixo do mesmo teto.

Elena não tinha problemas de identidade. É chilena, embora não tenha vivido no Chile de modo permanente há mais de quinze anos, e nunca foi exilada nem procurada por nenhuma polícia do mundo, portanto sua cobertura era perfeita. Tinha cumprido muitas missões políticas importantes em diversos países, e achou fascinante a ideia de fazer um filme clandestino dentro de seu país. Problema difícil era o meu, pois a nacionalidade que pareceu ser a mais conveniente por motivos técnicos me obrigava a aprender a ter um jeito muito diferente do meu, e a inventar para mim mesmo um passado inteiro num país que não conhecia. Em todo caso, antes da data prevista tinha aprendido a virar a cabeça imediatamente se alguém me chamasse pelo meu nome falso, e era capaz de responder às perguntas mais estranhas sobre a cidade de Montevidéu, sobre as linhas de ônibus que deveria tomar para voltar para casa, e até sobre a vida de meus colegas, vinte e cinco anos antes, no Liceu número 11 da Avenida Itália, a dois quarteirões de uma farmácia e a um quarteirão de um supermercado novo. A única coisa que devia evitar era rir, pois meu riso é tão característico que teria me delatado apesar de meu disfarce. Tanto que o responsável por minha mudança me advertiu com todo o dramatismo de que foi capaz: "Se você der uma risada, morre." Porém, uma cara de tijolo, incapaz de um sorriso, não seria nada estranha num tubarão internacional dos grandes negócios.

Naqueles dias surgiu uma dúvida imprevista em relação à oportunidade do projeto, por causa da decretação de um novo estado de sítio no Chile. A ditadura — ferida pelo fracasso espetacular da aventura econômica da Escola de Chicago — reagia dessa forma à ação unânime da oposição, unida pela primeira vez em uma frente comum. Em maio de 1983 tinham começado os primeiros protestos de rua, que se repetiram ao longo de todo o ano com uma aguerrida participação juvenil, principalmente feminina, mas também com uma repressão sangrenta. As forças de oposição, legais e ilegais, às quais se somavam pela primeira vez os setores mais progressistas da burguesia, convocaram uma greve nacional de um dia. Foi uma demonstração de poder e determinação social que exasperou a ditadura e precipitou

o estado de sítio. Pinochet, desesperado, lançou um grito que ressoou no mundo com acordes de ópera:
— Se isto continuar assim, teremos de fazer um novo onze de setembro.

É verdade que essas condições pareciam favoráveis a um filme como o nosso, que pretendia levar à superfície até os elementos menos visíveis da realidade chilena, mas ao mesmo tempo seriam muito mais rigorosos os controles policiais e mais brutal a repressão, e o tempo útil estaria reduzido pelo toque de recolher. Acontece que a resistência interna avaliou todos os aspectos da situação, e foi partidária de continuar, como eu queria. Portanto, inflamos as velas com bom mar e ventos propícios na data prevista.

Um longo rabo de burro para Pinochet

A primeira prova dura foi no dia da partida no aeroporto de Madri. Fazia mais de um mês que eu não via Ely e as crianças: Pochi, Miguelito e Catalina. Sequer tinha notícias diretas deles, e a ideia que predominava entre os responsáveis pela minha segurança era que eu deveria viajar sem avisá-los para evitar os estragos da despedida. Mais ainda: no começo do projeto, tinha se pensado que para maior tranquilidade de todos era melhor que minha família ignorasse a verdade, mas logo percebemos que isso não tinha sentido. Pelo contrário, ninguém podia ser mais útil do que Ely para cobrir a retaguarda. Movendo-se entre Madri e Paris, entre Paris e Roma, e mesmo até Buenos Aires, era a pessoa mais bem preparada para controlar o recebimento e a revelação dos filmes que eu lhe enviasse pouco a pouco do Chile e inclusive para conseguir fundos complementares, se fosse o caso. E foi.

Por outro lado, minha filha Catalina tinha notado desde os preparativos iniciais que em meu quarto estava se acumulando um tipo de roupa nova completamente contrária ao meu jeito de me vestir, e até mesmo ao meu modo de ser, e foi tamanho seu desconcerto e tanta sua curiosidade, que não tive outro remédio a não ser reuni-los e explicar meus planos. Encararam tudo com um sentimento de gozo e cumplicidade, como se de repente estivessem vivendo dentro de um desses filmes que costumávamos inventar em família para divertir-nos. Só que quando me viram no aeroporto transformado num uruguaio meio clerical que tinha muito pouco a ver comigo, tanto eles como eu tomamos consciência de que aquele filme era um drama da vida real, tão importante quanto perigoso, que estava ocorrendo com todos nós. Mas a reação foi unânime.

— O importante — me disseram — é que você grude em Pinochet um rabo de burro, bem comprido.

Referiam-se à conhecida brincadeira infantil, na qual uma criança com os olhos vendados tem de pregar o rabo no lugar exato, em um burro de cartolina.

— Prometido — disse a eles, calculando o tamanho do filme que pretendia rodar —, vai ser um rabo de sete mil metros.

Uma semana mais tarde, Elena e eu aterrissávamos em Santiago do Chile. A viagem, também por razões técnicas, tinha sido uma peregrinação sem itinerário previsto por sete cidades da Europa, para que eu fosse me acostumando a usar minha nova identidade, apoiada em um passaporte acima de qualquer suspeita. Era, na verdade, um autêntico passaporte uruguaio, com o nome e todos os dados de seu titular legítimo, e tinha sido dado para nós como uma contribuição política — sabendo que ia ser manipulado e utilizado para entrar no Chile. A única coisa que fizemos foi trocar a foto pela minha, tirada depois da minha transformação. Minhas coisas foram organizadas de acordo com o nome do titular: o monograma bordado nas minhas camisas, as iniciais em minha maleta de negócios, meus cartões de visita, meu papel de correspondência. Depois de muitas horas de prática, tinha aprendido a desenhar a assinatura sem vacilação. A única coisa que não foi possível resolver, por falta de tempo, foram os cartões de crédito, e esta foi uma falha perigosa, pois não era compreensível que o homem que eu fingia ser tivesse comprado no trajeto várias passagens aéreas pagando em dinheiro vivo, e em dólares.

Apesar de tantas incompatibilidades que na vida real teriam nos obrigado ao divórcio em dois dias, Elena e eu tínhamos aprendido a comportar-nos como um casal capaz de sobreviver aos piores desastres domésticos. Cada um conhecia a vida falsa do outro, seu passado falso, seus falsos gostos burgueses, e não creio que tivéssemos cometido um erro grave num interrogatório a sério. Nossa história era perfeita. Dirigíamos uma empresa de publicidade com sede em Paris, e íamos com uma equipe de cinema para fazer o filme de promoção de um perfume novo que deveria ser lançado no próximo outono europeu. Tínhamos escolhido o Chile porque era um dos poucos países onde podíamos encontrar em qualquer época do ano as paisagens e os ambientes das quatro estações, de praias ardentes a neves perpétuas. Elena se desenvolvia com uma naturalidade invejável dentro de seus caríssimos vestidos europeus, como se não fosse a mesma que tinham me apresentado em Paris com o cabelo solto, saia escocesa e mocassins de colegial. Eu também me achava muito cômodo dentro de minha nova carcaça de empresário, até que me vi refletido numa vitrine do aeroporto de Madri, de terno escuro, colarinho e gravata, e um ar de tubarão industrial que me revolveu as entranhas.

"Que horror!", pensei. "Se eu não fosse eu, seria igual a esse." Naquele momento, a única coisa que me restava de minha antiga identidade era um exemplar meio capenga de *Los Pasos Perdidos*, o grande romance de Alejo Carpentier, que levava em minha maleta como em todas as minhas viagens dos últimos quinze anos, para anular meu medo incontrolável de voar. Apesar de tudo, tive que padecer vários guichês de alfândega em diferentes aeroportos do mundo, até aprender a digerir o nervosismo do passaporte alheio.

O primeiro guichê foi em Genebra, e tudo aconteceu com uma normalidade absoluta, mas sei que não o esquecerei pelo resto da minha vida, porque o funcionário revistou o passaporte com muita atenção, quase página por página, e no fim olhou minha cara para compará-la com a da foto. Olhei-o nos olhos, sem respirar, apesar de a foto ser a única coisa minha naquele passaporte. Foi um duro e santo remédio: a partir daquele momento não tornei a sentir aquela sensação de náusea e aquela desordem do coração, até que a porta do avião se abriu no aeroporto de Santiago do Chile, no meio de um silêncio de morte, e tornei a sentir depois de doze anos o ar glacial das cristas andinas. Na fachada do edifício havia um enorme letreiro azul: *Chile avanza en orden y paz*. Olhei o relógio: faltava menos de uma hora para o toque de recolher.

2

A PRIMEIRA DESILUSÃO: O ESPLENDOR DA CIDADE

QUANDO O FUNCIONÁRIO da alfândega abriu meu passaporte, tive o presságio nítido de que se batesse os olhos nos meus ia perceber o truque. Havia três guichês, todos com homens sem uniforme, e eu tinha me decidido pelo mais jovem, que me pareceu o mais rápido. Elena meteu-se numa fila diferente, como se não nos conhecêssemos, porque se um dos dois tivesse problemas o outro sairia do aeroporto para dar o alarma. Não foi necessário, pois era evidente que os funcionários da alfândega tinham tanta pressa quanto os passageiros para que não fossem surpreendidos pelo toque de recolher, e mal e mal olhavam os documentos. O que me atendia não parou nem para examinar os vistos, pois sabia que os uruguaios não precisavam de visto. Carimbou a entrada na primeira folha limpa que encontrou, e no momento de me devolver o passaporte olhou-me fixo nos olhos com uma atenção que me gelou por dentro.
— Obrigado — disse com voz firme.
Ele me respondeu com um sorriso luminoso:
— Seja bem-vindo.
As malas estavam saindo com uma rapidez que teria parecido insólita em qualquer outro aeroporto do mundo, porque todos os funcionários queriam chegar em casa antes do toque de recolher. Peguei a minha. Depois peguei a de Elena — pois

tínhamos combinado que eu sairia primeiro com a bagagem para ganhar tempo — e levei as duas até o balcão de controle da alfândega. O fiscal estava tão apressado como os passageiros por causa do toque de recolher, e em vez de revistar as malas pedia aos passageiros que saíssem depressa. Comecei a pôr as minhas no balcão, quando ele me perguntou:

— Viaja sozinho?

Disse que sim. Ele deu uma olhada rápida nas malas, e ordenou com voz urgente: "Já, vai indo, vai." Mas uma supervisora que eu não tinha visto até aquele momento — uma cérbera clássica, de uniforme, loura e varonil — gritou lá do fundo: "Examina esse aí." Só naquele momento percebi: não poderia explicar porque levava uma bagagem com roupas de mulher. Além do mais, não podia conceber que a supervisora tivesse prestado atenção em mim, entre tantos passageiros apressados, se não fosse por alguma razão diferente e mais grave do que minhas malas. Enquanto o homem vasculhava a minha roupa, ela pediu meu passaporte e examinou-o com atenção. Eu me lembrei da bala que tinham me dado no avião antes da decolagem, e enfiei-a na boca, porque sabia que iam me fazer perguntas e eu não estava muito confiante de esconder minha verdadeira identidade chilena atrás do meu mau sotaque uruguaio. A primeira veio do homem:

— Vai ficar muitos dias aqui, cavalheiro?

— O suficiente — respondi.

Nem eu mesmo me entendi, com o estorvo da bala na boca, mas ele não se importou e me pediu para abrir a outra mala. Estava fechada a chave. Sem saber o que fazer, procurei Elena com olhos angustiados e encontrei-a impassível na fila, sem perceber o drama que acontecia tão perto dela. Pela primeira vez tomei consciência da falta que ela me fazia, não só naquele momento, mas no conjunto de nossa aventura. Ia revelar que era ela a dona da mala, sem nem pensar nas consequências de minha decisão aturdida, quando a supervisora devolveu meu passaporte e mandou o homem revistar a bagagem do próximo. Então tornei a olhar Elena, e não a encontrei. Foi uma situação mágica que ainda não conseguimos explicar um ao outro: Elena tinha ficado invisível. Mais tarde ela disse que, da fila, também tinha me visto arrastando sua mala, e tinha pensado que era uma imprudência, mas, quando me viu sair da alfândega, ficou tranquila. Eu atravessei o salão quase deserto seguindo o carregador que recebeu minha bagagem na saída, e ali sofri o primeiro impacto do regresso. Não notava em nenhuma parte a militarização que esperava, nem o menor traço de miséria. É verdade que não estávamos no enorme e sombrio aeroporto de Los Cerrillos, onde onze anos antes tinha começado meu exílio numa chuvosa noite de outubro com um terrível sentimento de debandada, e sim no moderno aeroporto de Pudahuel, onde tinha estado rapidamente uma única vez antes do golpe militar. Mas, de qualquer maneira, não se tratava de uma impressão subjetiva. Não encontrava em nenhuma parte o aparato armado que eu tinha imaginado, sobretudo naquela época, com o estado de sítio. Tudo no aeroporto era limpo e luminoso, com anúncios em cores alegres e lojas grandes e bem sortidas de artigos importados, e não havia à vista nem um guarda para a caridade de dar uma informação a um viajante extraviado. Os táxis que esperavam lá fora não eram os decrépitos de antes, e sim modelos japoneses recentes, todos iguais e ordenados.

Mas o momento não era de reflexões prematuras, porque Elena não aparecia, e as malas já estavam no táxi e o relógio avançava com uma velocidade vertiginosa na direção do toque de recolher. Aí tive outra dúvida. De acordo com as nossas normas, se um dos dois se desencontrasse, o outro tocaria adiante e avisaria, através dos telefones que tínhamos para qualquer emergência. Mas era muito difícil tomar a decisão de ir embora sozinho, e ainda mais quando não tínhamos combinado direito em que hotel ficaríamos. No formulário de desembarque no país eu tinha posto o *El Conquistador*, por ser um hotel aonde vão os homens de negócio, e era portanto o que mais correspondia à nossa falsa imagem. Além disso, eu sabia que a equipe italiana estava lá, mas pensei que Elena não soubesse.

Estava a ponto de renunciar à espera, tremendo de ansiedade e de frio, quando vi Elena correndo para mim, perseguida de perto, por um homem vestido à paisana que agitava uma capa escura. Fiquei petrificado, preparando-me para o pior, quando finalmente o homem alcançou-a e entregou-lhe a capa que ela tinha esquecido no guichê da alfândega. Sua demora tinha outra causa: a cérbera tinha prestado atenção ao fato de que ela viajava sem bagagem, e fizeram uma revista minuciosa em cada um dos objetos de sua bolsa de mão, dos documentos de identidade até objetos de toucador. Não podiam imaginar, naturalmente, que o pequeno aparelho de rádio japonês que ela levava era também uma arma que nos manteria em contato com a resistência interna através de uma frequência especial. Eu estava, porém, mais angustiado do que ela, pois calculei que seu atraso tinha sido de mais de meia hora, e ela me provou no táxi que tinha sido de apenas seis minutos. O motorista, por seu lado, terminou de me tranquilizar com a observação de que não faltavam vinte minutos para o toque de recolher, conforme eu pensava, e sim oitenta, pois meu relógio ainda tinha a hora do Rio de Janeiro. Na verdade, eram dez e quarenta de uma noite densa e gelada.

E foi para isto que eu vim?

À medida que chegávamos perto da cidade, o júbilo com lágrimas que eu tinha previsto para o regresso ia sendo substituído por um sentimento de incerteza. Na verdade o acesso ao antigo aeroporto de Los Cerrillos era uma estrada antiga, através de cortiços operários e quarteirões pobres, que sofreram uma repressão sangrenta durante o golpe militar. O acesso ao atual aeroporto internacional, em compensação, é uma autoestrada iluminada como nos países mais desenvolvidos do mundo, e isto era um mau princípio para alguém como eu, que não só estava convencido da maldade da ditadura, como necessitava ver seus fracassos na rua, na vida diária, nos hábitos das pessoas, para filmá-los e divulgá-los pelo mundo. Mas a cada metro que avançávamos, o desassossego original ia se transformando numa franca desilusão. Elena me confessou mais tarde que ela também, ainda que tivesse estado no Chile várias vezes em épocas recentes, tinha padecido o mesmo desconcerto.

Não era para menos. Santiago, ao contrário do que me contavam no exílio, aparecia como uma cidade radiante, com seus veneráveis monumentos iluminados e muita ordem e limpeza nas ruas. Os instrumentos de repressão eram menos visíveis do que em Paris ou Nova York. A interminável Alameda Bernardo O'Higgins abria-se diante de nossos olhos como uma corrente de luz, vinda lá da histórica Estação Central, construída pelo mesmo Gustavo Eiffel que fez a torre de Paris. Até as putinhas sonolentas na calçada oposta eram menos indigentes e tristes que em outros tempos. De repente, do mesmo lado em que eu viajava, apareceu o Palácio de La Moneda, como um fantasma indesejado. Na última vez que eu o tinha visto, era uma carcaça coberta de cinzas. Agora, restaurado e outra vez em uso, parecia uma mansão de sonho no fundo de um jardim francês. Os grandes símbolos da cidade desfilavam pela janela do automóvel. O *Club de la Unión*, onde os *momios* mais velhos se reuniam para manipular os cordões da política tradicional; as janelas apagadas da universidade, da igreja de San Francisco, o palácio imponente da Biblioteca Nacional, as Lojas Paris. Ao meu lado, Elena ocupava-se da vida real, convencendo o motorista a que nos levasse ao hotel *El Conquistador*, pois ele insistia em levar-nos a outro onde certamente lhe pagavam comissão. Tratava-o com muito tato, sem dizer ou fazer nada que pudesse ofendê-lo ou que chamasse a sua atenção, pois muitos motoristas de táxi em Santiago são informantes da polícia. Eu estava confuso demais para intervir.

À medida em que nos aproximávamos do centro da cidade, desisti de olhar e admirar o brilho material com que a ditadura tratava de apagar o rastro sangrento de mais de quarenta mil mortos, dois mil desaparecidos e um milhão de exilados. Em compensação, me fixava nas pessoas, que andavam com uma pressa inusitada, talvez pela proximidade do toque de recolher. Mas não foi apenas isso o que me comoveu. As almas estavam em seus rostos sacudidos pelo vento gelado. Ninguém falava, ninguém olhava em nenhuma direção definida, ninguém gesticulava nem␣sorria, ninguém fazia o menor gesto que delatasse seu estado de espírito dentro dos casacos escuros, como se todos estivessem sozinhos numa cidade desconhecida. Eram rostos brancos que não revelavam nada, nem mesmo medo. Então começou a mudar meu estado de alma, e não pude resistir à tentação de sair do táxi para me perder na multidão. Elena me fez todas as advertências razoáveis, mas nem tantas nem tão explícitas como gostaria, com medo de ser ouvida pelo motorista. Preso de uma emoção irresistível, fiz o táxi parar e desci batendo a porta.

Não caminhei mais do que duzentos metros, indiferente à iminência do toque de recolher, mas os primeiros cem foram suficientes para recuperar a minha cidade. Caminhei pela Rua Estado, pela Rua Huérfanos, por todo um setor fechado ao trânsito de veículos para alegria dos pedestres, como a Rua Florida de Buenos Aires, a Via Condotti de Roma, a Praça de Beaubourg em Paris, a Zona Rosa da Cidade do México. Era outra boa criação da ditadura, mas apesar dos locais para sentar e conversar, apesar da alegria das luzes, dos canteiros de flores bem-cuidadas, aqui a realidade ficava transparente. Os poucos grupos que conversavam na esquina faziam isso em voz muito baixa para não serem escutados pelos tantos ouvidos dispersos da tirania, e havia vendedores de tudo que se possa imaginar, e muitas crianças pedindo dinheiro a quem passava. O que mais me chamou a atenção, porém, foram os pregadores evangélicos tentando vender a fórmula da felicidade eterna a quem quisesse ouvi-los. De repente, ao virar uma esquina, me encontrei cara a cara com o primeiro *carabinero* que eu via desde minha chegada. Passeava com muita calma de um extremo a outro da calçada, e havia vários numa cabine de vigilância na esquina da Rua Huérfanos. Senti um vazio no estômago, e os joelhos começaram a falhar. Deu-me raiva a ideia de que cada vez que visse um polícia militar, um *carabinero*, fosse me sentir daquele jeito. Mas rapidamente entendi que eles também estavam tensos, vigiando com olhos ansiosos os transeuntes, e a impressão de que tinham mais medo do que eu serviu de consolo. Não lhes faltava razão. Poucos dias depois da minha viagem ao Chile, a resistência clandestina mandou aquele posto de vigilância pelos ares, com dinamite.

O centro de minhas nostalgias

Eram as chaves do passado. Ali estava o memorável edifício do antigo Canal de Televisão e o Departamento de Audiovisuais, onde eu tinha começado minha carreira no cinema. Ali estava a Escola de Teatro, onde cheguei vindo de minha cidade do interior, aos dezesseis anos, para fazer um exame de admissão que foi definitivo na minha vida. Ali fazíamos também as concentrações políticas da Unidade Popular, e ali eu tinha vivido meus anos mais difíceis e decisivos. Passei pelo Cine City, onde vi pela primeira vez as obras-primas que até hoje me exaltam a vocação, e entre elas a menos esquecível de todas: *Hiroshima, mon amour*. De repente, alguém passou cantando a célebre canção de Pablo Milanés: *Yo pisaré las calles nuevamente, de lo que fue Santiago ensangrentada*. Era uma casualidade grande demais para ser suportada sem que eu sentisse um nó na garganta. Tremendo até os ossos esqueci a hora, esqueci minha identidade, minha condição clandestina, e por um instante voltei a ser eu mesmo e ninguém mais em minha cidade recuperada, e tive que resistir ao impulso irracional de me identificar gritando meu nome com todas as forças da minha voz, e enfrentar quem quer que fosse pelo direito de estar na minha casa.

Regressei chorando ao hotel, quase em cima do toque de recolher, e o porteiro teve que abrir a porta que acabara de fechar. Elena tinha nos registrado na recepção, e já estava no quarto, colocando a antena do rádio portátil. Parecia tranquila, mas quando me viu entrar explodiu como uma esposa exemplar. Não podia admitir que eu tivesse corrido o risco gratuito de caminhar sozinho pelas ruas até o instante exato do toque de recolher. Mas eu não estava ali disposto a ouvir sermões, e também me comportei como um marido exemplar. Saí batendo a porta, e fui procurar a equipe italiana dentro do mesmo hotel.

Bati no quarto 306, dois andares abaixo do nosso, e me preparei para não cometer enganos na longa senha que tínhamos combinado com a diretora da equipe, em Roma, dois meses antes. Uma voz meio adormecida — a cálida voz de Grazia, que eu teria reconhecido sem necessitar nenhum código — me perguntou, lá de dentro:

— Quem é?
— Gabriel.
— O que mais? — perguntou Grazia.
— Os Arcanjos — disse eu.
— São Jorge e São Miguel?

Sua voz, em vez de serenar-se com a certeza das respostas, ficava cada vez mais trêmula. Era estranho, porque também ela deveria conhecer minha voz depois de nossas longas conversas na Itália, mas mesmo assim prolongou a troca de senhas depois de eu ter confirmado que os arcanjos eram São Jorge e São Miguel.

— Sarco — disse ela.

Era o sobrenome do personagem do filme que não fiz em San Sebastián — *Viajero de las Quatro Estaciones* — e respondi com o nome:

— Nicolás.

Grazia — que é uma jornalista curtida em missões difíceis — não se conformou com tantas provas.

— Quantos pés de filme? — perguntou.

Então eu entendi que queria continuar a troca de senhas até o fim, que estava muito distante, e temi que aquele jogo suspeito fosse ouvido pelos quartos vizinhos.

— Para de encher o saco e abre a porta — disse.

Mas ela, com o rigor que iria se manifestar a cada minuto dos próximos dias, não abriu a porta até o fim do código. "Maldição", disse a mim mesmo, pensando não só em Elena, mas também em Ely. "Todas as mulheres são iguais." E continuei respondendo ao questionário com o que mais detesto na vida, que é a submissão dos maridos domesticados. Quando chegamos à última linha, a mesma Grazia juvenil e encantadora que eu tinha conhecido na Itália abriu a porta sem medo, olhou-me como se tivesse visto um fantasma, e tornou a fechá-la aterrorizada. Mais tarde, me disse: "Vi você como alguém que já tinha visto antes, mas que não sabia quem era." Era compreensível. Na Itália tinha conhecido um Miguel Littín descuidado, com barba, sem óculos e vestido de qualquer jeito, e o homem que tinha batido em sua porta era calvo, míope e bem barbeado, e estava vestido feito um gerente de banco.

— Abre tranquila — disse —, sou Miguel.

Mesmo depois de me examinar com atenção, e ter me deixado entrar, continuava olhando para mim com certa reticência. Antes de me cumprimentar, tinha colocado o rádio a todo vapor, para impedir que nossa conversa fosse escutada nos quartos vizinhos ou gravada por microfones ocultos. Mas estava tranquila. Tinha chegado uma semana antes com sua equipe de três pessoas, e já tinham as credenciais e as autorizações para trabalhar, graças aos bons ofícios de sua embaixada, cujos funcionários ignoravam, naturalmente, qual era o nosso verdadeiro propósito. Mais ainda: já tinha começado a filmar os altos funcionários do regime que assistiram algumas noites antes a uma representação de gala de *Madame Butterfly*, oferecida pela Embaixada Italiana no Teatro Municipal. O general Pinochet tinha sido convidado, mas desculpou-se na última hora e não foi.

Mesmo assim, a equipe italiana ter ido à sessão de gala foi muito importante para nós, porque desta forma estabeleceu-se de modo oficial sua presença em Santiago, e seria vista pelas ruas sem nenhum problema nos dias seguintes. Além disso, a autorização para filmar no interior do Palácio de La Moneda estava em andamento, e quem a solicitou tinha recebido garantia de que não haveria nenhum obstáculo. A notícia me entusiasmou tanto que quis começar a trabalhar imediatamente. Se não fosse o toque de recolher, teria pedido a Grazia que acordasse o resto da equipe para que fôssemos deixar o testemunho de minha primeira noite de regresso. Fizemos planos concretos para começar a filmar nas primeiras horas da manhã, mas concordamos que o resto da equipe não deveria conhecer o programa antecipadamente, e deveria achar que era ela quem os dirigia. Tínhamos avançado muito, tomando goles de *grappa*, uma aguardente italiana que era fogo vivo e que ela levava sempre, quase como um amuleto, quando o telefone tocou. Saltamos os dois ao mesmo tempo, e Grazia agarrou-o no meio de um voo, escutou um instante e tornou a desligar. Era alguém da recepção do hotel que pedia para diminuir o volume da música porque um hóspede dos quartos vizinhos tinha se queixado.

Um pavoroso silêncio para recordar

Foram demasiadas emoções para um dia só. Quando voltei ao meu quarto, Elena navegava num sono de paz, mas tinha deixado acesa a luz da minha cabeceira. Despi-me sem ruídos, preparando-me para dormir o sono dos justos, mas foi impossível. Assim que me estendi na cama tomei consciência do silêncio pavoroso do toque de recolher. Não posso imaginar outro silêncio igual no mundo. Um silêncio que me oprimia o peito, e continuava oprimindo mais e mais, e não terminava nunca. Não havia um único ruído de água na tubulação, nem a respiração de Elena, nem os próprios ruídos dentro de mim mesmo.

Levantei-me agitado e pus a cara na janela, tratando de respirar o ar livre da rua, tratando de ver a cidade deserta mas real, e nunca a tinha visto tão solitária e triste desde que cheguei pela primeira vez nos dias incertos da minha adolescência. A janela estava num quinto andar, e dava para uma rua sem saída de muros altos e chamuscados, por cima dos quais só se via um pedaço do céu através de uma neblina cinzenta. Não me senti na minha terra, nem mesmo na cidade real, e sim um criminoso cercado dentro de um dos velhos filmes invernais de Marcel Carné.

Doze anos antes, às sete da manhã, um sargento do exército à frente de uma patrulha tinha soltado sobre a minha cabeça uma rajada de metralhadora, e mandou que eu me juntasse ao grupo de prisioneiros que iam sendo levados ao edifício da Chile Films, onde eu trabalhava. A cidade inteira se estremecia com as cargas de dinamite, os disparos de armas pesadas, os voos rasantes dos aviões de guerra. O sargento que tinha me prendido andava tão perturbado que me perguntou o que estava acontecendo. "Nós somos neutros", ele dizia. Mas não soube por que dizia, nem a quem incluía no plural. Num momento em que ficamos sozinhos, me perguntou:

— O senhor é o que fez *El Chacal de Nahualtoro*?

Respondi que sim, e pareceu esquecer-se de tudo, dos tiros, das explosões de dinamite, das bombas incendiárias no palácio dos presidentes, e me pediu que lhe explicasse como se faz para que saia sangue das feridas dos falsos mortos do cinema. Expliquei a ele, e pareceu fascinado. Mas quase em seguida voltou à realidade.

— Não olhem para trás — gritou para nós — porque lhes arranco a cabeça.

Teríamos achado que era uma brincadeira, mas minutos antes tínhamos visto os primeiros mortos na rua, um ferido exaurindo-se em sangue sem o auxílio de ninguém, bandos de civis arrematando a porradas os partidários do presidente Salvador Allende. Tínhamos visto um grupo de prisioneiros de costas contra um muro, e um pelotão de soldados fingindo fuzilá-los. Mas os mesmos soldados que nos conduziam perguntavam o que estava acontecendo, e insistiam: "Nós somos neutros." O estrondo e a confusão eram enlouquecedores.

O edifício da Chile Films estava rodeado de soldados com metralhadoras armadas em tripés, apontando para a entrada principal. O porteiro de boina negra, com a insígnia do Partido Socialista, saiu ao nosso encontro.

— Ah — gritou apontando para mim —, esse cavalheiro, o senhor Littín, é o responsável por tudo o que acontece aqui.

O sargento deu-lhe um empurrão que o botou no chão.

— Vá à merda — gritou para ele. — Não seja veado.

O porteiro ficou de quatro, aterrorizado, e me perguntou:

— Não toma um cafezinho, senhor Littín? Um cafezinho?

O sargento me pediu que averiguasse por telefone o que estava acontecendo. Tentei fazê-lo, mas não consegui me comunicar com ninguém. A cada instante entrava um oficial que dava uma ordem, e depois outro que dava a ordem contrária: que fumássemos, que não fumássemos, que nos sentássemos, que ficássemos em pé. No fim de uma meia hora chegou um soldado muito jovem e me apontou com o fuzil.

— Ouça-me, sargento — disse —, está aí uma senhora loura perguntando por este cavalheiro.

Era Ely, sem dúvida. O sargento saiu para falar com ela. Enquanto isso, os soldados nos contaram que tinham sido chamados de madrugada, que não tinham tomado o café da manhã, que tinham ordens para não aceitar nada, que sentiam fome. A única coisa que fizemos por eles foi deixar-lhes nossos cigarros.

Estávamos nisso quando o sargento voltou com o tenente que começou a identificar os prisioneiros para levá-los ao estádio. Quando chegou a minha vez, o sargento não me deu tempo de responder.

— Não, tenente — disse ao oficial —, este senhor não tem nada a ver, veio aqui para apresentar uma queixa porque uns vizinhos destroçaram seu automóvel a pauladas.

O tenente me olhou perplexo.

— Como é que você pode ser tão babaca para reclamar alguma coisa neste momento? — exclamou. — Saia daqui voando.

Saí em disparada, certo de que iam atirar em mim pelas costas sob o eterno pretexto da Lei de Fuga. Mas não foi nada disso. Ely, a quem um amigo tinha dito que haviam me fuzilado na frente da Chile Films, viera buscar o cadáver. Em várias casas da rua estavam hasteando bandeiras, que era o código combinado para que os militares reconhecessem seus partidários. Por outro lado, já tínhamos sido denunciados por uma vizinha que conhecia nossa relação com o governo, minha participação entusiástica na campanha presidencial de Allende, as reuniões que eram feitas em minha casa enquanto o golpe militar ia se tornando iminente. Por tudo isso, não voltamos para casa. Passamos um mês mudando de um lugar a outro, com as três crianças e as coisas mais indispensáveis, fugindo da morte que nos pisava os calcanhares, até que o cerco tornou-se tão asfixiante que nos meteu à força no túnel do exílio.

3

TAMBÉM OS QUE FICARAM SÃO EXILADOS

ÀS OITO DA manhã pedi a Elena que ligasse para um número de telefone que só eu conhecia, e perguntasse por alguém que prefiro chamar por um nome falso: Franquie. Atendeu ele mesmo, e ela pediu sem maiores explicações, da parte de Gabriel, que fosse ao quarto 501 do hotel *El Conquistador*. Em menos de meia hora ele chegou. Elena já estava pronta para sair, mas eu continuava na cama, e quando ouvi baterem na porta me cobri com o cobertor até a cabeça. Na verdade, Franquie não sabia quem ia encontrar, pois tínhamos combinado que todo mundo que telefonasse para ele com o nome de Gabriel era enviado por mim. Nos últimos dias ele tinha sido chamado por três Gabriéis que dirigiam equipes de filmagem, inclusive Grazia, e não tinha por que nem ao menos suspeitar que este novo Gabriel fosse eu mesmo.

Éramos amigos de muito antes da Unidade Popular, tínhamos trabalhado juntos em meus primeiros filmes, tínhamos nos encontrado em vários festivais de cinema, e tínhamos nos visto pela última vez no ano anterior, no México. Mas quando descobri a cara não me reconheceu, até que soltei o riso, que é meu traço inconfundível. Isto me deu uma confiança maior em minha nova aparência.

Franquie tinha sido recrutado por mim no final do ano anterior. Foi o encarregado de receber separadamente e de distribuir instruções preliminares às equipes de filmagem, e de fazer uma série de contatos básicos que facilitassem nosso trabalho sem interferir nas orientações de Elena. Tinha uma ficha limpa: é chileno, tinha se exilado em Caracas por decisão própria depois do golpe militar, sem que existisse nenhuma acusação contra ele, e tinha cumprido desde então numerosas missões ilegais dentro do Chile, onde se movia com liberdade total e com uma cobertura irretocável. Sua popularidade entre o pessoal do cinema, sustentada por sua simpatia, sua imaginação e sua audácia, faziam dele o sócio ideal para aquela aventura. Não me enganei. De acordo com o combinado tinha entrado sozinho por terra, do Peru, uma semana antes, para receber e coordenar separadamente as três equipes, que já estavam trabalhando. A equipe francesa andava pelo norte do país, filmando de Arica a Valparaíso, de acordo com um plano minucioso que seu diretor e eu tínhamos combinado meses antes em Paris. A equipe holandesa fazia a mesma coisa no sul. A italiana permaneceria em Santiago trabalhando sob minha direção direta, e preparada, além disso, para filmar qualquer acontecimento imprevisto. As três tinham a instrução de interrogar as pessoas sobre Salvador Allende sempre que tivessem uma oportunidade de fazê-lo sem riscos nem despertar suspeitas, pois pensávamos que o presidente mártir era o melhor ponto de referência para estabelecer a posição de cada chileno em relação ao país atual e às suas possibilidades futuras.

 Franquie tinha o itinerário preciso de cada equipe, assim como a lista dos hotéis onde estariam, de maneira que podia comunicar-se com elas a qualquer momento. Isto fazia com que fosse possível que eu lhes desse instruções pessoais por telefone. Para maior segurança, Franquie seria o meu motorista, com automóveis alugados que trocaríamos a cada três ou quatro dias em diferentes agências. Durante o tempo inteiro que durou a filmagem nos separamos pouquíssimas vezes.

Três degolados derrubam um general

Começamos a trabalhar às nove da manhã. A *Plaza de Armas*, a poucos quarteirões do hotel, era mais comovedora na realidade que em minhas lembranças, debaixo do sol pálido e morno do outono austral que se filtrava entre grandes árvores. As flores de sempre, que são renovadas a cada semana, me pareceram mais frescas e luminosas que nunca. A equipe italiana tinha começado uma hora antes a filmar a rotina matinal: os aposentados que liam jornal nos bancos de madeira, os anciãos que davam de comer aos pombos, os vendedores de bugigangas, os fotógrafos lambe-lambes com suas câmaras anacrônicas, os desenhistas que faziam caricaturas em três minutos, os engraxates suspeitos de serem informantes do regime, as crianças com seus balões coloridos na frente das carrocinhas de sorvete, as pessoas que saíam da Catedral. Num canto da praça estava o grupo habitual de artistas desempregados à espera de serem contratados para festas imprevistas: músicos conhecidos, magos e palhaços de criança, travestis com roupas e maquiagem extravagantes cujo sexo real é impossível de se determinar. À diferença da noite anterior, naquela bela manhã estavam estacionadas na praça várias patrulhas de *carabineros*, vigilantes e bem armados, de cujos ônibus com potentes equipamentos de som saíam canções da moda, a todo vapor.

Mais tarde descobri que a escassez de força pública nas ruas era uma pura ilusão para recém-chegados. A toda hora há patrulhas de choque escondidas nas estações principais do metrô, e caminhões equipados com mangueiras de água a alta pressão nas ruas laterais, prontos para reprimir com sanha brutal qualquer explosão de protesto das tantas que ocorrem todos os dias, intempestivamente. A vigilância é mais intensa na *Plaza de Armas*, centro nevrálgico de Santiago, onde está a sede da *Vicaría de la Solidaridad*, que é um grande bastião contra a ditadura auspiciado pelo cardeal Silva Henríquez e com o apoio não apenas dos católicos mas de todos os que lutam pelo retorno da democracia no Chile. Isto lhe deu um foro moral difícil de ser contrariado, e o amplo pátio ensolarado de sua casa colonial se parece, o tempo inteiro, com uma praça de mercado. Ali encontram refúgio e amparo humanitário os perseguidos de todas as cores, e é uma via rápida para ajudar quem precisa, com a certeza de que essa ajuda chegará aonde deve chegar, especialmente aos presos políticos e suas famílias. Também dali são denunciadas as torturas e incentivadas as campanhas pelos desaparecidos, e contra todo tipo de injustiça.

Poucos meses antes de meu regresso clandestino, a ditadura lançou contra a *Vicaría* um desafio sangrento que acabou se voltando contra a própria Junta Militar e pôs em perigo sua estabilidade. No final de fevereiro de 1985, três militantes de oposição foram sequestrados com um alarde de força que não permitia pôr em dúvida quem eram seus autores. O sociólogo José Manuel Parada, funcionário da *Vicaría*, foi preso na presença de seus filhos pequenos na frente da escola onde eles estudavam, enquanto o trânsito era cortado pela polícia três quarteirões ao redor e todo o bairro era controlado por helicópteros militares. Os outros dois foram sequestrados em lugares distintos na cidade, com poucas horas de diferença. Um era Manuel Guerrero, dirigente da Associação Sindical da Educação no Chile, e o outro era Santiago Nattino, um desenhista gráfico de grande prestígio profissional, de quem não se sabia, até aquele momento, que tivesse militância ativa. No meio do estupor nacional, os três cadáveres degolados e com marcas de sevícia selvagem apareceram no dia 2 de março de 1985, num caminho solitário perto do aeroporto internacional de Santiago. O general César Mendoza Durán, comandante dos *carabineros* e membro da Junta do Governo, declarou à imprensa que o crime era o resultado das lutas internas dos comunistas, dirigidos por Moscou. Mas a reação nacional desfez a calúnia e o general Mendoza Durán, apontado pela opinião pública como o promotor da matança, teve que abandonar o governo. A partir de então, o nome da Rua Puente, uma das quatro que saem da *Plaza de Armas*, foi apagado da placa por mãos desconhecidas, e em seu lugar foi posto o nome com que agora ela é conhecida: Rua José Manuel Parada.

Quero felicitá-lo por ser uruguaio

O mal-estar daquele drama selvagem ainda estava no ar na manhã em que Franquie e eu chegamos como dois transeuntes a mais na *Plaza de Armas*. Vi que a equipe de filmagem estava no lugar que Grazia e eu tínhamos combinado na noite anterior, e que ela percebeu nossa passagem. Mas naquele momento, ela não deu nenhuma ordem ao cinegrafista. Então Franquie separou-se de mim, e eu assumi a direção pessoal do filme com o método que tinha estabelecido de antemão com os diretores das três equipes. A primeira coisa que fiz foi o percurso preliminar dos caminhos de paralelepípedos, parando em lugares diferentes para indicar a Grazia os momentos e a direção em que deviam filmar quando eu repetisse o percurso. Nem ela nem eu devíamos buscar no momento nenhum detalhe que tornasse evidente o regime repressivo latente nas ruas. Naquela manhã tratava-se apenas de procurar a atmosfera de um dia qualquer, com ênfase especial ao comportamento das pessoas, que continuavam parecendo para mim, tal como o percebi na noite anterior, muito menos comunicativas que em outros tempos. Andavam mais depressa, quase sem se interessar pelo que acontecia enquanto caminhavam, e mesmo quem conversava tinha um ar sigiloso e não acentuava as palavras com as mãos, como eu lembrava que faziam os chilenos de antes, e como continuam fazendo os do exílio. Eu caminhava entre os grupos, levando no bolso da camisa um gravador miniatura, muito sensível, para captar conversas que me serviriam para organizar melhor não só aquela primeira jornada, mas o conjunto do filme.

Depois de mostrar os pontos de filmagem, me sentei para escrever algumas anotações ao lado de uma senhora que tomava sol num dos bancos da praça, em cujas barras de madeira pintadas de verde havia nomes e corações inscritos a canivete na madeira por várias gerações de namorados. Como sempre esqueço a caderneta de anotações, escrevia no verso das caixinhas de "Gitane", os célebres cigarros franceses, dos quais tinha comprado uma boa provisão em Paris. Fiz assim ao longo da rodagem do filme, e embora não tenha sido com este propósito que conservei as caixinhas, as anotações me serviram como um diário de bordo para reconstruir neste livro os pormenores da viagem.

Enquanto escrevia naquela manhã na *Plaza de Armas*, notei que a senhora ao meu lado me observava de viés. Era de idade tranquila, e estava vestida ao modo antiquado da classe média baixa, com um chapéu muito usado e um sobretudo com gola de pele. Eu não entendia o que ela fazia ali, sozinha e calada, sem olhar para nenhum ponto definido, sem reagir de nenhum modo aos pombos que davam voltas sobre nossas cabeças e bicavam as pontas de nossos sapatos. Não teria entendido nunca se não fosse porque ela me disse mais tarde que tinha sentido frio durante a missa e queria tomar sol alguns minutos antes de se meter no metrô. Fingindo ler o jornal, notei que me examinava da cabeça aos pés, sem dúvida porque minhas roupas eram menos comuns das de quem costumava andar pela praça naquela hora. Sorri para ela, que me perguntou de onde eu era. Então liguei o gravador com uma pressão imperceptível sobre o bolso da camisa.

— Uruguaio — disse.

— Ah — disse ela. — Quero felicitá-lo pela sorte que vocês têm.

Referia-se ao retorno do sistema eleitoral no Uruguai, e falava disso com uma terna memória de seu próprio passado. Eu me fiz de distraído, tentando que ela fosse mais explícita, mas não consegui que me fizesse alguma confidência sobre sua situação. Entretanto, me falou sem reservas da falta de liberdades individuais e dos dramas do desemprego no Chile. Num certo momento me mostrou os bancos de desempregados, palhaços, músicos, travestis, cada vez mais numerosos.

— Olhe para essa gente — disse ela. — Passam dias inteiros esperando ajuda, porque não têm trabalho. Existe fome em nosso país.

Deixei-a falar. Depois iniciei a segunda caminhada na praça, quando calculei que já tinha passado meia hora da primeira, e então Grazia mandou o cinegrafista me filmar sem se aproximar de mim, e tomando cuidado para não ser muito evidente para os *carabineros*. Mas o problema era o contrário: era eu quem não perdia de vista os *carabineros*, porque continuavam exercendo em mim uma fascinação difícil de resistir.

Embora os camelôs sempre tenham existido no Chile, não me lembro de que fossem tantos como agora. É difícil conceber um lugar do centro comercial onde não os encontremos em longas filas silenciosas. Vendem de tudo, e são tão numerosos e diferentes, que basta sua presença para revelar todo um drama social. Ao lado de um médico desempregado, um engenheiro fracassado ou uma senhora com ares de marquesa que entregam por qualquer preço suas roupas de tempos melhores, há meninos sem pais oferecendo coisas roubadas ou mulheres humildes tratando de vender pães feitos em casa. Mas a maioria desses profissionais em desgraça renunciou a tudo, menos à dignidade. Atrás das barracas de bugigangas continuam vestidos como em seus prósperos escritórios de antes. Um chofer de táxi que tinha sido um próspero comerciante de tecidos levou-me num passeio turístico de várias horas por meia cidade, e no final se negou a cobrar pelo serviço.

Enquanto o cinegrafista filmava o ambiente da praça, eu andava no meio da gente captando fragmentos de diálogos que haveriam de me servir depois para um comentário ilustrativo das imagens, tomando cuidado para não comprometer ninguém que mais tarde pudesse ser identificado nas telas. Grazia me observava com atenção de outro ângulo, e eu a observava também. Estava seguindo minhas instruções de iniciar as tomadas nos edifícios mais altos, e depois descer pouco a pouco, deslocar a câmara para os lados, e terminar filmando os *carabineros*. Queríamos captar a tensão de seus rostos, muito mais notável à medida que aumentava a animação na praça, conforme se aproximava o meio-dia. Mas eles notaram rapidamente a trajetória da câmara, sentiram-se observados, e exigiram de Grazia a licença para filmar naquela rua. Vi como ela mostrou a licença, vi a rapidez com que o guarda se deu por satisfeito, e continuei meu caminho com uma sensação de alívio. Mais tarde soube que aquele *carabinero* pediu a Grazia que não os filmasse, mas não teve argumentos quando ela replicou que essa proibição não figurava na licença, e invocou sua condição de italiana para não aceitar ordens vindas sabe-se lá de onde. O dado me interessou, porque demonstrava, efetivamente, que o fato de ser uma equipe europeia tinha no Chile as vantagens que havíamos previsto.

Também os que ficam são exilados

Os *carabineros* tinham se transformado em uma obsessão para mim. Passei várias vezes muito perto deles, procurando uma ocasião para conversar. De repente, por um impulso irresistível me aproximei de uma patrulha, e fiz algumas perguntas sobre o edifício colonial da prefeitura, avariado pelo terremoto de março anterior, que estava sendo reconstruído. O guarda respondeu sem me olhar, pois não perdia de vista nenhum detalhe do que ocorria na praça. A atitude de seu companheiro era a mesma, só que, de vez em quando, me olhava com o canto dos olhos com uma impaciência crescente, porque começava a notar a teimosia deliberada das minhas perguntas. Depois me olhou de frente com uma expressão terrível, e ordenou:
— Circule!
Mas eu tinha rompido o feitiço, e a inquietação que me provocavam tinha se transformado em uma certa embria-

guez. Em vez de obedecer-lhe comecei a dar-lhe uma lição sobre o comportamento que a polícia estava obrigada a observar frente à curiosidade de um estrangeiro pacífico. Não percebia, porém, que meu falso sotaque uruguaio não suportava uma prova tão difícil, até que o *carabinero* se cansou do meu discurso cívico e mandou que eu me identificasse.

Talvez em nenhum momento da viagem tenha sofrido uma descarga de terror como aquela. Pensei em tudo: ganhar tempo, resistir, e até escapar com toda a pressa, mesmo sabendo que seria alcançado. Pensei em Elena, que estava sabia-se lá onde naquela hora, e só vi, como uma luzinha remota, que o cinegrafista filmara tudo e que aquela prova irrefutável de minha captura seria divulgada no exterior. Além disso, Franquie andava por perto, e conhecendo-o do jeito que eu conhecia, estava certo de que não tinha me perdido de vista. A coisa mais fácil, é claro, era me identificar com o passaporte, já provado em vários aeroportos. Em compensação, temia ser revistado, pois só naquele momento recordei um erro mortal que levava comigo. Na mesma carteira em que ia o passaporte estava minha verdadeira carteira chilena de identidade, que tinha ficado ali por descuido, e um cartão de crédito com meu nome real. Consciente de que não tinha outro remédio a não ser assumir o menos grave dos riscos, mostrei o passaporte. O *carabinero*, que tampouco estava muito seguro do que deveria fazer, deu uma olhada na foto, e me devolveu o passaporte com um gesto menos áspero.

— Que é o que quer saber sobre esse edifício? — me perguntou.

Enchi os pulmões.

— Nada — disse. — Estava só enchendo o saco.

Aquele incidente curou-me, pelo resto da viagem, da inquietação que me provocavam os *carabineros*. Desde então, os vi com a mesma naturalidade com que eram vistos pelos chilenos legais, e até os clandestinos — que são muitos —, e duas ou três vezes tive de pedir-lhe favores ocasionais, que fizeram com boa vontade. Entre outros favores nada menos que abrir caminho até o aeroporto com uma radiopatrulha, para que eu pudesse alcançar um avião internacional minutos antes de que a polícia descobrisse minha presença em Santiago. Elena não pôde entender que alguém desafiasse a polícia só para aliviar a tensão, e nossas relações de trabalho, que já tinham várias trincas perigosas, começaram a quebrar.

Ainda bem que eu me arrependi de minha imprudência antes que ela ou alguém me chamasse a atenção. Assim que o *carabinero* me devolveu o passaporte fiz para Grazia o sinal combinado para que desse a filmagem por encerrada. Franquie, por sua vez, que tinha visto tudo de um lado da praça com uma ansiedade igual à minha, apressou-se para me encontrar, mas eu pedi a ele que fosse me buscar no hotel depois do almoço. Queria ficar sozinho.

Sentei-me num banco para ler os jornais do dia, mas passava as linhas sem vê-las, porque era tão grande a emoção que sentia por estar sentado ali naquela diáfana manhã outonal, que não podia me concentrar. De repente soou o distante disparo de canhão que marca o meio-dia em Santiago, os pombos voaram espantados, e os carrilhões da Catedral soltaram no ar as notas da canção mais comovedora de Violeta Parra: *Gracias a la Vida*. Era mais do que eu podia suportar. Pensei em Violeta, pensei em suas fomes e suas noites sem teto em Paris, pensei em sua dignidade a toda prova, pensei que sempre houve um sistema que a negou, que nunca sentiu suas canções e desprezou sua rebeldia. Um presidente glorioso teve que morrer lutando a tiros, e o Chile tinha tido que padecer o martírio mais sangrento de sua história, e a própria Violeta Parra teve que morrer por suas próprias mãos, para que sua pátria descobrisse as profundas verdades humanas e a beleza de seu canto. Até os *carabineros* a escutavam com devoção, sem a menor ideia de quem era ela, nem o que pensava, nem por que cantava em vez de chorar, nem quanto os teria detestado se estivesse ali padecendo o milagre daquele outono esplêndido.

Ansioso por ir resgatando o passado palmo a palmo, fui sozinho a uma pensão na parte alta da cidade, onde Ely e eu costumávamos almoçar quando éramos namorados. O lugar era o mesmo, ao ar livre, com mesas debaixo dos álamos e muitas flores desaforadas, mas dava a impressão de algo que há muito tempo tinha deixado de ser. Não havia nenhuma alma viva. Tive que reclamar para que me atendessem, e demoraram quase uma hora para me servir um bom pedaço de carne assada. Estava a ponto de terminar quando entrou um casal que eu não via desde que Ely e eu éramos clientes assíduos. Ele se chamava Ernesto, e era mais conhecido por Neto, e ela se chamava Elvira. Tinham um comércio sombrio a poucos quarteirões dali, onde vendiam imagens e medalhas de santos, camândulas, relicários e ornamentos fúnebres. Mas não se pareciam com o seu negócio, pois eram gozadores e engenhosos, e alguns sábados de tempo bom costumávamos ficar ali até muito tarde bebendo vinho e jogando cartas. Ao vê-los entrar de mãos dadas, como sempre, não apenas me surpreendeu sua fidelidade ao mesmo lugar depois de tantas transformações no mundo, como dois namorados tardios, entusiastas e ágeis, e agora me pareciam dois anciãos gordos e melancólicos. Foi como um espelho onde vi de repente minha própria velhice. Se eles tivessem me reconhecido teriam me visto sem dúvida com o mesmo estupor, mas me protegeu o escafandro de uruguaio rico. Comeram numa mesa próxima, conversando em voz alta mas já sem os ímpetos de outros tempos, e às vezes me olhavam sem curiosidade, e sem a menor suspeita de que algum dia tínhamos sido felizes na mesma mesa. Só naquele momento tive consciência de como eram longos e devastadores os anos de exílio. E não apenas para os que fomos embora, como supunha até então, mas também para eles: os que ficaram.

4

OS CINCO PONTOS CARDEAIS DE SANTIAGO

FILMAMOS EM SANTIAGO mais cinco dias, tempo suficiente para comprovar a utilidade do nosso sistema, enquanto eu me mantinha em contato telefônico com a equipe francesa, no norte, e com a equipe holandesa, no sul. Os contatos de Elena eram muito eficazes, de maneira que pouco a pouco ia marcando entrevistas que queríamos fazer com dirigentes clandestinos, e também com personalidades políticas que atuam na legalidade.

Eu, por meu lado, tinha me resignado a não ser eu mesmo. Era um sacrifício duro para mim, sabendo que havia tantos parentes e amigos que queria ver — começando por meus pais — e tantos instantes da minha juventude que desejava reviver. Mas estavam num mundo proibido, pelo menos enquanto terminávamos o filme, de maneira que torci o pescoço dos afetos e assumi a condição estranha de exilado dentro de meu próprio país, que é a forma mais amarga de exílio.

Poucas vezes estive desamparado nas ruas, mas sempre me senti sozinho. Em qualquer lugar que estivesse, os olhos da resistência me protegiam sem que nem eu mesmo notasse. Só quando fiz entrevistas com pessoas de absoluta confiança, às quais não desejava comprometer nem mesmo frente a meus próprios amigos, solicitei antecipadamente a retirada da custódia. Mais tarde, quando Elena terminou de me ajudar a encarrilhar o trabalho, eu já tinha treinamento suficiente para me virar sozinho, e não tive nenhum problema. O filme foi feito como estava previsto, e nenhum de meus colaboradores sofreu o menor aborrecimento por um descuido meu, ou por um erro. Mesmo assim, um dos responsáveis pela operação me disse bem-humorado quando já estávamos fora do Chile:

— Nunca, desde que o mundo é mundo, foram violadas tantas vezes e de forma tão perigosa tantas normas de segurança.

O fato essencial, em todo caso, era que em menos de uma semana tínhamos superado o plano de filmagem em Santiago. Um plano muito flexível, que permitia todo tipo de mudanças, e a realidade nos demonstrou que era a única maneira de atuar numa cidade imprevisível que a cada momento nos dava uma surpresa e nos inspirava ideias insuspeitáveis.

Até então tínhamos mudado três vezes de hotel. *El Conquistador* era confortável e prático, mas estava no núcleo da repressão, e tínhamos motivo para pensar que era um dos mais vigiados. A mesma coisa ocorria sem dúvida com todos os hotéis de cinco estrelas onde havia um movimento constante de estrangeiros, que são suspeitos eternos para os homens da ditadura. Nos de segunda categoria, porém, onde o controle de entradas e saídas costuma ser mais rígido, temíamos chamar mais a atenção. Portanto, o mais seguro era mudar-nos cada dois ou três dias sem preocupar-nos com as estrelas, mas sem repetir nunca um hotel, pois tenho a superstição de que sempre me dou mal se retorno a um lugar onde corri algum risco. Esta crença surgiu em mim no dia 11 de setembro de 1973, enquanto a aviação bombardeava o Palácio de La Moneda e a confusão se apoderava da cidade.

Eu tinha conseguido escapar sem problemas dos escritórios da Chile Films, onde tinha ido tentar resistir ao golpe com meus companheiros de sempre, e depois de levar em meu automóvel até o Parque Florestal um grupo de amigos que tinham motivos para temer por suas vidas, cometi o grave erro de regressar. Salvei-me por milagre, como já contei.

Como precaução adicional nas mudanças de hotéis, Elena e eu decidimos ocupar quartos separados depois da terceira mudança, cada um com uma nova personalidade. Às vezes me registrava como gerente e ela como secretária, e às vezes como se não nos conhecêssemos. Além do mais, esta separação paulatina correspondia muito bem ao estado de nossas relações, muito frutíferas no trabalho, mas cada vez mais difíceis no campo pessoal.

Devo dizer que entre os muitos hotéis onde nos alojamos, só em dois tivemos algum motivo de inquietação. Primeiro foi no Sheraton. Na mesma noite de nosso registro, o telefone da mesinha de cabeceira tocou quando eu acabava de adormecer. Elena tinha ido a uma reunião secreta que se prolongou além do previsto, e teve que ficar para dormir na casa onde fora surpreendida pelo toque de recolher, como haveria de ocorrer várias vezes. Atendi atordoado, sem saber onde eu estava, e pior ainda, sem recordar quem eu era naquele momento. Uma voz chilena perguntou por mim, mas com o nome postiço. Ia responder que não conhecia esse senhor, quando acabei de despertar pelo impacto de alguém que me procurasse com esse nome, nessa hora e nesse lugar.

Era a telefonista do hotel com um telefonema interurbano. Em um segundo percebi que ninguém, além de Elena e Franquie, sabia onde estávamos, e não era provável que algum dos dois me chamasse dessa forma, e a essa hora da madrugada, e com o truque de que fosse um telefonema interurbano, a não ser que se tratasse de uma questão de vida ou morte. Portanto, decidi atender. Uma mulher falando inglês me soltou uma rajada incontrolável de parágrafos num tom familiar, dizendo *darling*, dizendo *sweetheart*, falando *honey*, e quando consegui abrir uma brecha para fazê-la entender que eu não falava inglês, bateu o telefone com um suspiro muito doce: *shit*. Foram inúteis as averiguações que fiz com a telefonista do hotel, a não ser para comprovar que havia dois outros hóspedes com nomes parecidos ao do meu passaporte falso. Não pude dormir nem um minuto, e assim que Elena entrou, às sete da manhã, fomos para outro hotel.

    O segundo susto foi no rançoso hotel Carrera — de cujas janelas frontais se vê por completo o Palácio de La Moneda — e foi um susto retrospectivo. Efetivamente, poucos dias depois de termos dormido ali, dois jovens fazendo-se passar por um casal em lua de mel ocuparam o quarto vizinho ao que tínhamos usado e armaram num tripé de fotógrafo uma bazuca equipada com um sistema de ação retardada, dirigida contra o escritório de Pinochet. A concepção e o mecanismo da ação eram perfeitos, e Pinochet estava em seu escritório na hora prevista, mas as pernas do tripé se abriram com o impulso do disparo e o projétil sem rumo explodiu dentro do quarto.

Os cinco pontos cardeais de Santiago

Na sexta-feira da nossa segunda semana, Franquie e eu decidimos iniciar no dia seguinte as viagens de automóvel pelo interior, começando por Concepción. Naquele momento faltava fazer, em Santiago, entrevistas com dirigentes legais e clandestinos, e filmar o interior do Palácio de La Moneda. As entrevistas exigiam uma preparação complicada, e Elena cuidava disso com uma eficiência admirável. A filmagem dentro do La Moneda tinha sido aprovada, mas a autorização oficial só seria entregue na semana seguinte. Portanto, Franquie e eu dispúnhamos do tempo necessário para terminar o trabalho no interior do país. Com esse objetivo indicamos por telefone à equipe francesa que regressasse a Santiago uma vez terminado seu programa do norte, e pedimos à equipe holandesa que continuasse com o programa do sul até Puerto Montt, e ali esperasse instruções. Eu continuaria, como sempre, trabalhando com a equipe italiana.

Tal como estava previsto, aproveitaríamos aquela sexta-feira filmando ali mesmo nas ruas — e comigo aparecendo — para que os órgãos da ditadura não pudessem negar depois que eu tinha dirigido o filme dentro do Chile. Fizemos isso em cinco pontos característicos de Santiago: o exterior de La Moneda, o Parque Florestal, as pontes do rio Mapocho, o Monte de San Cristóbal e a igreja de San Francisco. Grazia tinha se encarregado de localizá-los e estudar o deslocamento da câmara nos dias anteriores, para não perder nenhum minuto, pois estava decidido que só dedicaríamos duas horas a cada lugar, ou seja, dez horas no total. Eu chegaria uns quinze minutos depois da equipe, e sem falar com nenhum de seus integrantes devia me incorporar à vida do lugar, fazendo algumas indicações de direção já combinadas com Grazia.

O Palácio de La Moneda ocupa um quarteirão completo, mas suas duas fachadas principais são a da Praça Bulnes, na Alameda onde está o Ministério de Relações Exteriores, e o da Praça da Constituição, onde está a Presidência da República. Depois da destruição do edifício pelo bombardeio aéreo do dia 11 de setembro, os escombros das dependências presidenciais ficaram abandonados. O governo instalou-se nos antigos escritórios da Comissão das Nações Unidas para o Comércio e o Desenvolvimento (UNCTAD), um edifício de vinte andares que o governo militar ansioso por legitimidade batizou com o nome do prócer liberal Diego Portales. Ali permaneceu até uns dez anos atrás, quando terminaram as longas obras de restauração do La Moneda, que incluíram a construção adicional de uma verdadeira fortaleza subterrânea: porões blindados, passagens secretas, portas de saída, acessos de emergência a um estacionamento oficial que lá existia antes, debaixo da rua. Mesmo assim, em Santiago fala-se que as manias formalistas de Pinochet foram prejudicadas pela impossibilidade de colocar em si mesmo a faixa de O'Higgins, símbolo do poder legítimo no Chile, que foi destruída no bombardeio do palácio. Em algumas ocasiões, um cortesão do poder militar tratou de divulgar a fábula de que a faixa tinha sido salva das chamas pelos primeiros oficiais que ocuparam La Moneda, mas era uma pretensão ingênua que não prosperou.

Um pouco antes das nove da manhã, a equipe italiana tinha filmado a fachada do lado da Alameda, em frente ao monumento do Pai da Pátria, Bernardo O'Higgins, onde existe agora uma chama perpétua de gás propano: "a chama da liberdade". Depois, foram filmar a outra fachada, onde são mais visíveis os *carabineros* de elite da Guarda do Palácio, os mais garbosos e altivos, que fazem a cerimônia de revezamento duas vezes por dia sem tantos curiosos do mundo mas com tantos delírios de grandeza como no palácio de Buckingham. Também desse lado é mais severa a vigilância. Portanto, quando os *carabineros* viram a equipe italiana preparando-se para filmar, se apressaram para exigir a autorização escrita que já tinha sido pedida no lado da Alameda. Era infalível: nem bem aparecia a câmara em qualquer lugar da cidade, aparecia também um *carabinero* para pedir a autorização por escrito. Eu cheguei nesse momento. Ugo, o cinegrafista, um rapaz simpático e decidido que estava se divertindo feito um japonês com a aventura contínua da filmagem, tinha dado um jeito para mostrar sua identidade com uma mão enquanto continuava filmando o *carabinero* com a outra, sem que este percebesse. Franquie tinha me deixado a quatro quarteirões dali, e me apanharia quatro quarteirões adiante, quinze minutos mais tarde. Era uma manhã fria e enevoada, típica de nossos outonos prematuros, e eu tremia de frio apesar do sobretudo invernal. Tinha caminhado depressa os quatro quarteirões para me esquentar um pouco, através da multidão apressada, e continuei sem parar dois quarteirões a mais para dar tempo para que a equipe se identificasse. Quando regressei, filmaram minha passagem na frente do La Moneda sem nenhum contratempo. No fim dos quinze minutos, a equipe recolheu suas tralhas e foi rumo ao objetivo seguinte. Eu alcancei o automóvel de Franquie na Rua Riquelme, na frente da estação de metrô Los Héroes, e saímos cantando pneus.

O Parque Florestal exigiu menos tempo que o previsto, porque ao vê-lo de novo compreendi que meu interesse por ele era na verdade subjetivo. Na realidade, é um lugar muito bonito e um ponto característico de Santiago, principalmente sob os ventos de folhas amarelas daquela sexta-feira sonolenta. Mas o que mais me atraía era a procura de minhas nostalgias. Ali estava a Faculdade de Belas-Artes, em cujas escadarias montei minha primeira peça de teatro, nem bem havia chegado de minha cidade. Mais tarde, sendo já um diretor de cinema desabrochando, tinha que atravessar o parque quase todos os dias para voltar para casa, e a luz de suas árvores frondosas ao entardecer ficou para sempre, em mim, misturada à lembrança de meus primeiros filmes. Não havia muito mais para dizer. Bastou-nos estabelecer uma curta caminhada minha através das árvores que se despojavam de suas folhas com um sussurro de chuva, e continuei caminhando até o centro comercial, onde Franquie me esperava.

O tempo continuava diáfano, frio, e a cordilheira estava nítida pela primeira vez desde a minha chegada. Santiago está num vale entre montanhas, e tudo é visto através da bruma da poluição. Havia muita gente às onze da manhã na Rua Estado, como de costume, e já estavam entrando na primeira sessão dos cinemas. No Rex anunciavam *Amadeus*, de Milos Forman, que eu queria ver de qualquer jeito, e tive que fazer um grande esforço para não entrar.

E na virada da esquina: minha sogra!

Nos dias anteriores, enquanto filmávamos, tinha visto passar muitos conhecidos: jornalistas, pessoal da política, gente da cultura. Não recordo de nenhum que tenha nem ao menos me olhado, e isso me deixava mais confiante. Mas naquela sexta-feira aconteceu o que cedo ou tarde teria que acontecer. Na minha frente, caminhando na minha direção, vi uma mulher distinta, com um vestido de linho creme de duas peças, sem sobretudo, quase como no verão, e que eu só reconheci quando estava a menos de três metros. Era Leo, minha sogra. Tínhamos estado juntos seis meses antes na Espanha, e além do que ela me conhecia tanto, que era impossível que não me identificasse a tão curta distância. Pensei em dar a volta, mas então recordei que tinham me advertido para controlar esse impulso natural, pois muitos clandestinos que passaram de frente sem problemas foram reconhecidos pelas costas. Tinha bastante confiança em minha sogra para não me alarmar se me descobrisse, mas ela não estava sozinha. Ia de braços dados com uma irmã, a tia Mina, que também me conhecia, e iam conversando em voz baixa, quase cochichando. Tampouco isso teria me preocupado se as circunstâncias fossem diferentes, mas temia a surpresa de ambas. Não teria sido estranho se disparassem gritos de plena emoção no meio da rua: "Miguel, filhote, você entrou, que maravilha!" ou qualquer coisa parecida. Além disso, era perigoso para elas saber do segredo de que eu estava clandestino no Chile.

Frente à impossibilidade de fazer qualquer coisa optei por continuar em frente, olhando-a com a maior intensidade de que fui capaz, para poder controlá-la imediatamente caso me visse. Mal e mal levantou a vista ao passar, enfrentou meus olhos fixos e aterrorizados sem deixar de falar com a tia Mina, me olhou sem me ver, e passamos tão perto que senti seu perfume, e vi seus olhos belos e doces, e escutei bem claro o que ela dizia: "Os filhos dão mais trabalho quando são grandes." E seguiu em frente.

Há pouco tempo contei-lhe este encontro, por telefone, de Madri, e ela ficou atônita: não o registrou em sua consciência. Para mim foi uma casualidade perturbadora. Atordoado pela impressão, procurei um lugar para pensar, e me meti num pequeno cinema onde estava passando *A Ilha da Felicidade*, um filme italiano que não precisava de mais nada para ser pornográfico. Fiquei lá dentro uns dez minutos. Vi homens esbeltos e mulheres muito belas e alegres que se atiravam no mar num dia deslumbrante em algum canto do paraíso. Nem tentei me concentrar. Mas a escuridão me deu tempo para recompor a minha expressão, e só então compreendi até que ponto tinham sido rotineiros e plácidos meus dias anteriores. Às onze e quinze, Franquie me apanhou na esquina da Estado com Alameda, e me levou ao próximo ponto de filmagem: as pontes do rio Mapocho.

O rio Mapocho atravessa a cidade por um leito de cimento, com pontes muito bonitas, cujas magníficas estruturas de ferro as mantêm a salvo dos terremotos. Em tempos de seca, como era o caso, seu caudal se reduz a um fio de barro líquido, que na parte central parece estancado entre barracas miseráveis. Em tempos de chuva o leito transborda com as cheias que descem das cordilheiras, e a barracas ficam flutuando como barquinhos ao léu num mar de lodo. Nos meses seguintes ao golpe militar, o rio Mapocho ficou conhecido no mundo inteiro pelos cadáveres maltratados que suas águas arrastavam, depois dos assaltos noturnos das patrulhas militares aos bairros marginais: as famosas *poblaciones* de Santiago. Mas há alguns anos, e durante o ano inteiro, o drama do Mapocho são as turbas famélicas que disputam com os cães e os urubus as sobras de comida atiradas ao curso do rio nos mercados populares. É o reverso do milagre chileno, patrocinado pela Junta Militar sob a inspiração celestial da Escola de Chicago.

O Chile não foi apenas um país modesto até o governo de Allende, mas sua própria burguesia conservadora se orgulhava da austeridade como uma virtude nacional. O que a Junta Militar fez para dar uma aparência impressionante de prosperidade imediata foi desnacionalizar tudo o que Allende tinha nacionalizado, e vender o país ao capital privado e às corporações multinacionais. O resultado foi uma explosão de artigos de luxo, deslumbrantes e inúteis, e de obras públicas ornamentais que fomentavam a ilusão de uma bonança espetacular.

Num único quinquênio foram importadas mais coisas que nos duzentos anos anteriores, com créditos em dólares avalizados pelo Banco Nacional com o dinheiro das desnacionalizações. A cumplicidade dos Estados Unidos e dos organismos internacionais de crédito fez o resto. Mas a realidade mostrou suas presas na hora de pagar: seis ou sete anos de miragens desmoronaram em um. A dívida externa do Chile, que no último ano de Allende era de quatro bilhões de dólares, agora é de quase vinte e três bilhões. Basta dar um passeio pelos mercados populares do rio Mapocho para ver qual foi o custo social desses dezenove bilhões de dólares de desperdício. O milagre militar fez muito mais ricos uns poucos ricos, e fez muito mais pobres o resto dos chilenos.

A ponte que viu tudo

Porém, naquela feira de vida e de morte, a ponte Recoleta sobre o rio Mapocho é uma amante neutra: serve ao mesmo tempo aos mercados e ao cemitério. Durante o dia, os enterros têm de abrir passagem entre a multidão. De noite, quando não há toque de recolher, aquele é o caminho obrigatório para os clubes de tango, guaritas nostálgicas de subúrbio amargo onde os coveiros são campeões de dança. Mas o que mais me chamou a atenção naquela sexta-feira, depois de tantos anos sem ver estes santos lugares, foi a quantidade de jovens namorados que passeavam abraçados pela cintura nos terraços sobre o rio, beijando-se entre os postos de flores luminosas para os mortos das tumbas próximas, amando-se devagar e sem se preocupar com o tempo incessante que escorria, impiedoso, por baixo das pontes. Só em Paris eu tinha visto, há muitos anos, tanto amor pelas ruas. Em compensação, recordava de Santiago como uma cidade de sentimentos pouco evidentes, e agora me encontrava ali com um espetáculo alentador que pouco a pouco tinha se extinguido em Paris, e que eu acreditava que tinha desaparecido do mundo. Então recordei o que alguém tinha me dito naqueles dias em Madri: "O amor floresce em tempos de peste."

Desde antes da Unidade Popular, os chilenos de terno escuro e guarda-chuva, as mulheres dependuradas nas novidades da Europa e os bebês vestidos de coelho em seus carrinhos, tinham sido arrasados pelo vento renovador dos Beatles. Havia uma tendência definida da moda rumo à confusão dos sexos: a unissex. As mulheres cortavam o cabelo quase a zero e disputavam com os homens as calças de cadeiras estreitas e patas de elefante, e os homens deixaram crescer o cabelo. Mas tudo isso foi arrasado por sua vez pelo fanatismo hipócrita da ditadura. Uma geração inteira cortou o cabelo antes que as patrulhas militares o cortassem a baioneta, como tantas vezes fizeram nos primeiros dias do golpe de quartel.

Até aquela sexta-feira nas pontes do Mapocho eu não tinha percebido que a juventude tinha tornado a mudar. A cidade estava tomada por uma geração posterior à minha. As crianças que tinham menos de dez anos quando eu saí, mal e mal capazes de apreciar nossa catástrofe em toda sua magnitude, andavam agora pelos vinte e dois anos. Mais tarde encontraríamos novas evidências da forma com que essa geração que se ama à luz pública tinha sabido preservar-se dos convites constantes da sedução. São eles que estão impondo seus gostos, seu modo de viver, suas concepções originais do amor, das artes, da política, em meio à exasperação senil da ditadura. Não há repressão que os detenha. A música que se ouve a todo volume por todo lado — até nos ônibus blindados dos *carabineros*, que a escutam sem saber o que escutam —, são as canções dos cubanos Silvio Rodríguez e Pablo Milanés. As crianças que estavam na escola primária nos anos de Salvador Allende são agora os comandantes da resistência. Isto foi para mim uma comprovação reveladora e ao mesmo tempo inquietante, e pela primeira vez me perguntei se na verdade serviria para alguma coisa minha safra de nostalgia.

A dúvida me deu novos ímpetos. Só para cumprir com o programa do dia fiz uma passagem rápida pelo morro de San Cristóbal, e depois pela igreja de San Francisco, cuja pedra tinha se tornado dourada ao entardecer. Depois pedi a Franquie que tirasse do hotel minha mala e tornasse a me apanhar dentro de três horas na saída do cine Rex, onde entrei para ver *Amadeus*. Pedi, além disso, para dizer a Elena que íamos desaparecer por três dias. Nada mais. Ia contra as normas estabelecidas, pois Elena devia conhecer meu paradeiro o tempo inteiro, mas não pude evitar. Franquie e eu íamos a Concepción sem dizer a ninguém, pelo tempo que fosse preciso, num trem que saía às onze da noite.

5

UM HOMEM EM CHAMAS NA FRENTE DA CATEDRAL

FOI UMA INSPIRAÇÃO súbita, embora tivesse um fundamento racional indiscutível. Eu achava que o trem era o meio mais seguro de viajar dentro do Chile, sem os controles que é preciso enfrentar nos aeroportos ou nas estradas. E principalmente porque se aproveitam as noites, que eram inúteis na cidade por causa do toque de recolher. Franquie não estava muito convencido, pois sabia que os trens são o meio de transporte mais vigiado. Mas eu alegava que por isso mesmo são mais seguros. Nenhum policial vai imaginar que um clandestino suba em um trem vigiado. Franquie, ao contrário, achava que a polícia sabe que os clandestinos viajam em trens, porque pensam que os lugares mais seguros são os mais vigiados. Achava, além disso, que um publicitário rico, com uma longa experiência e grandes negócios na Europa, está disposto a viajar nos estupendos trens europeus mas não nos pobres trens do interior do Chile. Entretanto, foi convencido por meu argumento de que o avião para Concepción não é o mais recomendável para atender um compromisso ou um plano de trabalho, porque nunca se sabe se a neblina permitirá que ele aterrisse. A verdade, cá para nós, é que eu teria preferido o trem de qualquer jeito, por causa de meu medo incurável de avião.

Portanto, às onze da noite tomamos o trem na Estação Central, cuja estrutura de ferro tem a mesma beleza incompreensível da torre Eiffel, e nos instalamos numa cabine confortável e limpa do vagão-dormitório. Eu morria de fome, pois a única coisa que tinha comido desde o café da manhã tinham sido duas barras de chocolate que me venderam no cinema enquanto o jovem Mozart dava saltos de acrobata na frente do imperador da Áustria. O inspetor informou-nos que só poderíamos comer no vagão-restaurante, e que este estava isolado do nosso por disposição regulamentar, mas ele mesmo nos deu a solução: antes que o trem partisse deveríamos ir ao restaurante, comer do jeito que desse, e regressar ao dormitório uma hora depois, durante a parada em Rancágua. Fizemos isso, a todo vapor, porque já tinha soado o toque de recolher, e os inspetores do trem nos açoitavam aos gritos: "Depressa, cavalheiros, depressa, que estamos violando a lei." Só que os guardas da estação de Rancágua, sonolentos e mortos de frio, não se importavam nem um pouco por aquela violação consentida e inevitável da lei marcial.

Era uma estação gelada e vazia, sem vivalma, coberta por uma neblina fantasmagórica. Idêntica às estações dos filmes de deportados da Alemanha nazista. De repente, enquanto os inspetores nos apressavam, passou voando por nós um garçom do restaurante, com a clássica jaqueta branca, levando na palma da mão um prato de arroz com um ovo frito em cima. Correu uns cinquenta metros numa velocidade inconcebível sem que o prato perdesse seu equilíbrio mágico, estendeu-o pela janela do último vagão do trem a alguém que sem dúvida tinha pagado por isso, e antes que nós chegássemos ao nosso vagão já tinha regressado ao carro-restaurante.

Percorremos em absoluto silêncio os quase quinhentos quilômetros até Concepción, como se o toque de recolher fosse obrigatório não apenas para os passageiros daquele trem sonâmbulo, mas também para todos os seres da natureza. Às vezes eu punha a cara na janela, e a única coisa que conseguia ver através da neblina eram estações vazias, campos vazios, a vasta noite de um país desocupado. A única prova da existência do homem sobre a terra eram as intermináveis cercas de arame farpado ao longo dos trilhos, e nada atrás das cercas, nem gente, nem flores, nem animais: nada. Lembrei-me de Neruda: *Em todas as partes pão, arroz, maçãs, no Chile arame, arame, arame.* Às sete da manhã, quando ainda faltava muita terra para que se acabasse o arame, chegamos a Concepción. Enquanto decidíamos o próximo passo, pensamos em buscar um lugar onde fazer a barba. Para mim não havia problemas. Teria aproveitado o pretexto para deixar a barba crescer uma vez mais. O problema era a cara de foragidos que teríamos para os *carabineros*, numa cidade que está na consciência de todos os chilenos como cenário de grandes lutas sociais. Ali nasceu o movimento estudantil dos anos 1960, ali Salvador Allende encontrou o apoio decisivo para sua eleição, foi ali que o presidente Gabriel González Videla iniciou a repressão sangrenta de 1946, pouco antes de fundar o campo de concentração de Piságua, onde foi treinado nas artes do terror e da morte um jovem oficial chamado Augusto Pinochet.

Flores eternas na praça Sebastián Acevedo

Do táxi que nos levava ao centro da cidade, através de uma névoa densa e gelada, vimos a cruz solitária no átrio da Catedral, e o ramo de flores perpétuas mantidas por mãos anônimas. Sebastián Acevedo, um humilde mineiro do carvão, tinha tocado fogo no próprio corpo neste lugar, dois anos antes, depois de tentar sem resultado que alguém interviesse para que a Central Nacional de Informação (CNI) parasse de torturar seu filho de vinte e dois anos e sua filha, detidos por porte ilegal de armas.

Sebastián Acevedo não fez uma súplica, e sim uma advertência. Como o arcebispo estava viajando, falou com funcionários do arcebispado, falou com os jornalistas mais influentes, falou com os líderes dos partidos políticos, falou com dirigentes da indústria e do comércio, falou com quem quis ouvi-lo, inclusive com funcionários do governo, e a todos disse a mesma coisa: "Se não fizerem alguma coisa para impedir que continuem torturando meus filhos, vou me empapar de gasolina e tocar fogo, no átrio da catedral." Alguns não acreditaram. Outros não souberam o que fazer.

No dia marcado, Sebastián Acevedo plantou-se no átrio, jogou um balde de gasolina no corpo, e advertiu a multidão concentrada na rua que se alguém passasse de determinado ponto, tocaria fogo nas roupas. Não adiantaram as súplicas, não adiantaram as ordens, não adiantaram as ameaças. Tentando impedir a imolação, um *carabinero* ultrapassou o lugar marcado, e Sebastián Acevedo se transformou numa fogueira humana.

Viveu ainda sete horas, lúcido e sem dor. A comoção pública foi tão radical que a polícia viu-se obrigada a permitir que sua filha o visitasse no hospital antes que ele morresse. Mas os médicos não quiseram que ela o visse em seu estado de horror, e só lhe permitiram falar com o pai através de um interfone. "Como posso saber se você é Candelária?", perguntou Sebastián Acevedo ao ouvir sua voz. Ela lhe disse então o diminutivo carinhoso com o qual a chamava quando ela era menina. Os dois irmãos foram tirados das câmaras de tortura, tal como o pai mártir tinha exigido com sua vida, e postos à disposição dos tribunais ordinários. Desde então, os habitantes de Concepción têm também um nome secreto para o lugar do sacrifício: praça Sebastián Acevedo.

Como é difícil fazer a barba em Concepción!

Aparecer neste bastião histórico às sete da manhã, disfarçados de burgueses mas sem ter feito a barba, era um risco que não valia a pena. Além disso, qualquer um sabia que um executivo de publicidade destes tempos, com o gravador em miniatura para recordar suas ideias, leva na maleta um barbeador elétrico para fazer a barba nos aviões, nos trens, no automóvel, antes de chegar a um encontro de negócios. Porém, talvez não houvesse risco maior em Concepción do que procurar quem me barbeasse num sábado qualquer às sete da manhã. A primeira tentativa foi feita na única barbearia aberta a essa hora perto da *Plaza de Armas*, que tinha um letreiro na porta: "Unissex". Uma moça de uns vinte anos estava varrendo o salão, ainda no meio do sono, e um homem quase tão jovem quanto ela ajeitava os frascos no toucador.

— *Quiero rasurarme* — disse.

— Não — disse o homem —, aqui não fazemos isso.

— E onde fazem esse trabalho?

— Vá em frente — disse. — Há muitas barbearias.

Caminhei um quarteirão, até onde Franquie tinha ficado para alugar um automóvel, e vi que estava se identificando para dois *carabineros*. Exigiram também a minha identificação, mas não houve nenhum problema. Ao contrário. Enquanto Franquie alugava o automóvel, um dos *carabineros* me acompanhou duas quadras até outra barbearia que estava abrindo as portas, e despediu-se com um aperto de mão.

Também ali havia o letreiro na porta: "Unissex". Tal e qual no primeiro salão, neste havia um homem de uns trinta e cinco anos, e uma moça mais jovem. O homem me perguntou o que eu queria. Disse a ele: "*Rasurarme.*" Os dois me olharam, surpreendidos.

— Não, cavalheiro, aqui não fazemos esse serviço — disse ele.

— Aqui, somos unissex — disse a moça.

— Bem — disse eu —, por mais unissex que sejam, saberão como *rasurar* alguém.

— Não, cavalheiro — disse ele —, aqui não.

Os dois viraram as costas. Continuei caminhando pelas ruas desoladas, através da neblina opressiva, e não só me surpreendi com a quantidade de barbearias unissex que havia em Concepción, como também com a unanimidade de seus hábitos: em nenhum quiseram me *rasurar*. Estava perdido na névoa, quando um garoto da rua me perguntou:

— Procurando alguma coisa, cavalheiro?

— Sim — disse —, estou procurando uma barbearia que não seja unissex, mas só de homens, como as de antigamente.

Então me levou a uma barbearia tradicional com o cilindro de espiral vermelho e branco na porta e poltronas giratórias das do meu tempo. Havia dois anciãos com aventais sujos atendendo um cliente só. Um cortava seu cabelo e o outro ia sacudindo com uma escovinha de pelúcia os fios que caíam na cara e nos ombros do cliente. Lá dentro cheirava a linimento, ou álcool mentolado, ou botica antiga, e só então percebi que era desse cheiro que eu tinha sentido falta nas barbearias anteriores. O cheiro de minha infância.

— *Quisiera rasurarme* — disse.

Os dois — e o cliente — me olharam surpreendidos. O ancião da escovinha me perguntou o que sem dúvida estavam pensando os três:

— De onde o senhor é?

— Chileno — disse, sem pensar, e me apressei em corrigir. — Mas sou uruguaio.

Eles não notaram que a correção era pior que o erro, mas me fizeram perceber que no Chile não se dizia *rasurar* há muitos anos. Para *barbear*, dizia-se *afeitar*. Talvez por isso nas barbearias de jovens unissex não entenderam meu idioma fora de uso, de chileno velho. Nesta, em compensação, se animaram com a chegada de alguém que falava como em seus bons tempos, e o barbeiro que estava livre me sentou na poltrona, colocou-me um lençol no pescoço, à antiga, e abriu uma navalha enferrujada. Tinha pelo menos setenta anos mal vividos, e era alto e fofo, com a cabeça muita branca, e ele mesmo tinha uma barba de três dias.

— Vamos fazer a barba com água quente ou com água fria? — me perguntou.

Mal e mal podia segurar a navalha com a mão trêmula.

— Com água quente, é claro — disse eu.

— Pois fomos para o caralho, cavalheiro — disse ele —, porque aqui não temos água quente, só aguinha fria.

Então regressei à primeira barbearia unissex, e quando disse que queria *afeitarme* — e não *rasurarme* — me atenderam imediatamente, mas com a condição de que eu também cortasse o cabelo. Assim que aceitei, o jovem e a moça corrigiram a atitude negligente e iniciaram uma longa cerimônia profissional. Ela me pôs uma toalha no pescoço, lavou-me a cabeça com água fria — pois ali tampouco havia água quente — e me perguntou se queria a fórmula de máscara número três, número quatro ou número cinco, e se queria fazer um tratamento para deter a calvície. Eu seguia a conversa até que ela parou de repente, quando estava secando a minha cara, e disse para si mesma: "Que esquisito!" Eu abri os olhos sobressaltado: "O quê?" Ela se confundiu mais que eu.

— As sobrancelhas estão depiladas!

Aborrecido pela sua descoberta, decidi fazer a piada mais brutal que me ocorreu, e perguntei-lhe com um olhar lânguido:

— Então você tem preconceitos contra bichas?

Ela ficou vermelha até a raiz do cabelo, e negou com a cabeça. Depois o barbeiro tomou conta de mim, e apesar do cuidado e da precisão de minhas indicações cortou além da conta, penteou-me de outro modo, e terminou por me deixar outra vez transformado em Miguel Littín. Era lógico, porque o maquiador de Paris tinha contrariado de propósito a tendência natural de meu cabelo, e o barbeiro de Concepción não fez outra coisa a não ser devolver tudo a seu lugar. Não me preocupei, porque era fácil pentear-me outra vez do jeito do meu outro eu, como acabei fazendo. Não sem um grande esforço moral, é verdade, contra meu desejo de ser outra vez eu mesmo em uma remota cidade de neblina, onde, de qualquer modo, ninguém iria me reconhecer. Terminado o corte, a moça me levou para os fundos da barbearia, e com todo tipo de reservas, como se fosse um ato proibido, ligou um barbeador elétrico na frente de um espelho e estendeu-o para que eu mesmo fizesse a barba. Sem necessidade de água quente, felizmente.

Um paraíso de amor no inferno

Franquie tinha alugado o automóvel. Tomamos o café da manhã num bar — uma xícara de café frio, já que ali tampouco havia água quente e tocamos para as minas de carvão de Lota e Schwager pela ponte grande do Bío-Bío, o rio mais caudaloso do Chile, cujas águas de metal sonolento mal e mal apareciam no meio da neblina. No século passado, o escritor Baldomero Lillo descreveu as minas e a vida dos mineiros com todos os seus detalhes, e seu relato ainda parece atual. É como estar no País de Gales há cem anos, tanto pela neblina saturada de fuligem como pelas condições de trabalho, que continuam sendo anteriores à revolução industrial.

Havia três barreiras policiais antes de chegar. A mais difícil, como tínhamos previsto, foi a primeira. Por isso gastamos ali quase toda a nossa artilharia verbal quando nos perguntaram o que íamos fazer em Lota e Schwager. Eu mesmo fiquei assombrado com a fluência da minha resposta. Disse que tínhamos vindo conhecer o parque, que é um dos mais bonitos da América por causa de suas araucárias anciãs e gigantescas, e também pela raridade de suas tantas estátuas rodeadas de pavões reais agourentos e cisnes de pescoço negro. Nosso propósito era usar o lugar para um filme de publicidade que divulgasse pelo mundo inteiro o prestígio de *Araucária*, um novo perfume batizado com esse nome em homenagem àquele lugar idílico.

Não há policial chileno que resista a uma explicação tão longa, e menos ainda se é feita com uma exaltação arregalada das belezas do país. Deram-nos as boas-vindas, e devem ter anunciado nossa passagem ao segundo posto de controle, pois ali não nos pediram identificação, mas revistaram as maletas e o automóvel. A única coisa que lhes interessou foi a câmara Super-8 — embora não fosse profissional —, porque era preciso uma autorização por escrito para filmar nas minas. Esclarecemos que só queríamos chegar até o parque das estátuas e dos cisnes, no alto da montanha, e tentei arrematar com uma displicência de aristocrata.

— Não nos interessam os pobres — disse.

Examinando sem muito interesse cada coisa que encontrava, um dos *carabineros* replicou sem me olhar:

— Por aqui, somos todos pobres.

Ficaram satisfeitos com a revista. Meia hora depois, no final de uma ladeira estreita e escarpada, passamos o terceiro posto de controle sem nenhuma formalidade e chegamos ao parque. Um lugar delirante, que Dom Matías Cousino, o famoso produtor de vinhos, mandou construir para a mulher que amava. Trouxe árvores fabulosas de todos os cantos do Chile para agradá-la. Trouxe animais mitológicos, estátuas de deusas improváveis que simbolizam os diferentes estados da alma: a alegria, a tristeza, a nostalgia, o amor. No fundo há um palácio de conto de fadas, de cujas varandas se vê o oceano Pacífico até o outro lado do mundo.

Passamos ali a manhã inteira filmando com a Super-8 os lugares que a equipe iria filmar depois com as devidas autorizações. Desde nossas primeiras rodagens tinha se aproximado de nós um vigia para nos dizer que estavam proibidas até mesmo as fotografias simples. Repetimos para ele a história do filme de publicidade para o mundo inteiro, mas ele se agarrava nas suas ordens. Mesmo assim, ofereceu-se para acompanhar-nos até lá embaixo, onde estavam as minas, para que pedíssemos autorização a seus superiores.

— Não vamos filmar mais — disse a ele. — Se quiser, venha com a gente para que fique mais tranquilo.

Aceitou, e voltamos a percorrer o parque com ele. Era jovem e com uma cara muito triste. Franquie mantinha a conversa viva, pois eu preferia falar apenas o indispensável com meu mau sotaque uruguaio. Em certo momento o vigia sentiu vontade de fumar, e demos a ele todos os nossos cigarros. Então nos deixou sozinhos, e continuamos filmando o que achamos necessário. Não só lá em cima, no parque, mas também embaixo, no exterior das minas. Estabelecemos os pontos que me interessavam, os ângulos, as lentes, as distâncias, o espaço completo do grande parque, e depois a miséria de baixo, onde vivem misturados os mineiros e os pescadores. É uma realidade maniqueísta e quase inverossímil, mas é a realidade.

O bar onde as gaivotas vão dormir

Quando descemos, passado o meio-dia, estavam saindo as lanchas que se aventuram todos os dias até a vizinha ilha de Santa Maria por um mar horrendo e perigoso, de enormes ondas negras, com famílias inteiras carregadas de objetos usados e coisas e animais para comer. As minas de carvão estão em túneis profundos que entram pelo fundo do mar, onde trabalham milhares de operários durante o dia inteiro em condições miseráveis. Do lado de fora, ao redor das entradas dos túneis, centenas de homens e mulheres com seus filhos cavam a terra como toupeiras, tirando com as unhas os resíduos das minas. Lá em cima, no parque, o ar é puro e diáfano por causa do oxigênio das árvores. Embaixo aspira-se o pó de carvão na neblina, que dói na respiração e se sedimenta nos brônquios. Visto do alto, o mar é de uma beleza inimaginável. Lá embaixo, é turvo e fragoroso.

Esta era uma fortaleza política e emocional de Salvador Allende. Em 1958 houve ali o que na época ficou sendo conhecida como "a marcha do carvão", quando os mineiros cruzaram a ponte do Bío-Bío numa multidão compacta, escura, silenciosa, que ocupou a cidade de Concepción com bandeiras e cartazes, e com uma determinação de luta que pôs o governo em xeque. O episódio foi registrado no filme *Banderas del Pueblo*, do chileno Sérgio Bravo, e é um dos mais emocionantes documentários do cinema do Chile. Allende estava ali, e creio que foi então que teve a certeza decisiva do apoio de um povo inteiro. Depois, quando foi presidente, uma de suas primeiras viagens foi para dialogar com os mineiros na praça de Lota.

Eu estava em sua comitiva. Chamou-me a atenção que um homem como ele, que sempre prezou sua vitalidade juvenil aos sessenta anos, dissesse aquele dia algo que lhe saiu das entranhas: "Já passei a idade matutina, já sou quase um ancião." Os mineiros pequeninos, maltratados, herméticos, curtidos de promessas descumpridas durante tantos anos, conversaram com ele sem reservas e se constituíram num bastião definitivo para sua vitória. Uma das primeiras medidas que ele tomou no governo, tal como tinha prometido naquela tarde em Lota e Schwager, foi a nacionalização das minas. Uma das primeiras medidas de Pinochet foi privatizá-las outra vez, como fez com quase tudo: os cemitérios, os trens, os portos, e até o recolhimento do lixo.

Terminado o plano de filmagem nas minas, às quatro da tarde, e sem que nenhuma autoridade militar ou civil tivesse aparecido, regressamos a Concepción pelo caminho de Talcahuano. Era difícil avançar pela quantidade de mineiros que regressavam às suas casas entre a neblina, arrastando os carrinhos com pedaços de carvão resgatados dos desperdícios das minas. Homens minúsculos fantasmagóricos, mulheres miúdas e fortes, carregados de enormes sacos de carvão, criaturas de pesadelo que surgiam de repente das trevas, mal iluminadas pelas luzes do carro.

Talcahuano, sede da escola naval de suboficiais, é o principal porto militar do Chile e seu estaleiro mais ativo. Ficou célebre nos dias seguintes ao golpe militar pelo triste privilégio de ser o ponto de concentração obrigatória para os prisioneiros políticos que seriam levados ao inferno da Ilha Dawson. Nas ruas, misturados aos mineiros em farrapos, veem-se os jovens cadetes de uniformes nevados, e não é fácil respirar o ar pervertido pelo tufo terrível das fábricas de farinha de peixe, o alcatrão dos estaleiros, a podridão do mar. Ao contrário do que supúnhamos, não havia nenhum controle militar para viajantes. A maioria das casas estava às escuras, e as poucas luzes nas janelas pareciam candeeiros de outra época. Não tínhamos comido nada desde o café gelado da manhã, e portanto o encontro inesperado de um restaurante iluminado foi como uma aparição de fábula. Ainda mais quando percebemos que estava cheio de gaivotas que entravam pela varanda que dava para o mar. Nunca tinha visto tantas, nem nunca as tinha visto surgir da escuridão voando sobre as cabeças de clientes impassíveis, voando como se estivessem cegas, ou atordoadas, batendo em todas as partes escandalosamente. Comemos o que, na verdade, foi a primeira refeição do dia: uma espécie de café da manhã na hora do jantar, com esses mariscos pré-históricos do Chile que têm o gosto de mares territoriais, profundos e gelados, e depois regressamos a Concepción. Apanhamos o trem para Santiago quando ele já começava a sair, porque a loja onde havíamos alugado o carro estava fechada, e perdemos quase quatro horas procurando a quem devolvê-lo.

6

DOIS MORTOS QUE NUNCA MORREM: ALLENDE E NERUDA

As POBLACIONES, ENORMES bairros marginais nas maiores cidades do Chile, são, de certo modo, territórios liberados — como a *casbah* das cidades árabes —, cujos habitantes curtidos pela pobreza desenvolveram uma assombrosa cultura de labirinto. A polícia e o exército preferem não se arriscar, antes de pensar mais de duas vezes, por aquelas colmeias de pobres onde um elefante pode desaparecer sem deixar rastros, e onde têm de enfrentar formas de resistência originais e inspiradas, que escapam aos métodos convencionais da repressão. Essa condição histórica converteu as *poblaciones* em polos ativos em definições eleitorais durante os regimes democráticos, e foram sempre uma dor de cabeça para os governos. Para nós, foram decisivas para estabelecer, em termos de depoimento cinematográfico, qual o estado de ânimo popular em relação à ditadura, e até que ponto se conserva viva a memória de Salvador Allende.

Nossa primeira surpresa foi comprovar que os grandes nomes dos dirigentes no exílio não dizem muita coisa às novas gerações que hoje mantêm a ditadura em xeque. São os protagonistas de uma lenda gloriosa que não tem muito a ver com a realidade atual. Embora pareça uma contradição, este é o mais grave fracasso do regime militar. No princípio de seu governo, o general Pinochet proclamou sua vontade de permanecer no poder até apagar da memória das novas gerações o último vestígio do sistema democrático. O que ele nunca imaginou foi que seu próprio regime ia ser a vítima desse propósito de extermínio. Há pouco tempo, desesperado pela agressividade dos rapazes que enfrentam com pedras na rua as tropas de choque, que combatem com armas na clandestinidade, que conspiram e fazem política para restabelecer um sistema que muitos deles não conheceram, o general Pinochet gritou fora de si que essa juventude faz o que faz porque não tem a menor ideia do que era a democracia no Chile.

O nome de Salvador Allende é o que mantém o passado, e o culto à sua memória alcança um tamanho mítico nas *poblaciones*. Estas nos interessavam, acima de tudo, para conhecer as condições em que vivem, o grau de consciência frente à ditadura, suas formas imaginativas de luta. Em todas nos responderam com espontaneidade e franqueza, mas sempre em relação à lembrança de Allende. Muitos depoimentos separados pareciam um só: "Sempre votei nele, nunca em outro." Isto se explica pelo fato de Allende ter sido tantas vezes candidato ao longo de sua vida, que antes de ser eleito brincava dizendo que seu epitáfio seria: *Aqui jaz Salvador Allende, futuro presidente do Chile*. Tinha sido candidato quatro vezes até ser eleito, mas antes fora deputado e senador, cargo que continuou conquistando em eleições sucessivas. Além do mais, em sua interminável carreira parlamentar foi candidato pela maioria das províncias pelos quatro cantos do país, da fronteira peruana até a Patagônia, de modo que não só conhecia a fundo cada centímetro quadrado, sua gente, suas culturas diversas, suas amarguras e seus sonhos, como também a população inteira o conheceu em carne e osso. Ao contrário de tantos políticos que só foram vistos nos jornais ou na televisão, ou escutados pelo rádio, Allende fazia política dentro das casas, de casa em casa, em contato direto e cálido com as pessoas, como ele era na realidade: um médico de família. Sua compreensão do ser humano unida ao instinto quase animal do ofício político chegava a suscitar sentimentos contraditórios nada fáceis de serem resolvidos. Sendo já presidente, um homem desfilou na frente dele numa manifestação levando um cartaz insólito: *Este é um governo de merda, mas é o meu governo.* Allende se levantou, aplaudiu-o e desceu para apertar sua mão.

Em nossa longa peregrinação pelo país não encontramos um único lugar onde não houvesse um rastro dele. Sempre havia alguém que tinha apertado sua mão, ou que tinha um filho que fosse afilhado dele, alguém que tinha sido curado por ele de uma tosse perniciosa com uma infusão de folhas de quintal, ou que ele lhe tinha conseguido um emprego, ou o derrotara numa partida de xadrez. Qualquer coisa que ele tenha tocado é conservado como uma relíquia. Quando menos esperávamos, alguém apontava uma cadeira em melhor estado que as outras: "Ele sentou-se aí uma vez." Ou nos mostravam qualquer bugiganga artesanal: "Foi presente dele." Uma moça de dezenove anos, que já tinha um filho e estava grávida outra vez, nos disse: "Eu sempre ensino a meu filho quem foi o presidente, embora eu mal o tenha conhecido, porque tinha nove anos quando ele se foi." Perguntamos que lembranças conservava dele, e ela disse: "Eu estava com meu pai, e vi que falava de um terraço agitando um lenço branco." Numa casa onde havia uma imagem da Virgem do Carmo, perguntamos à dona se tinha sido allendista, e ela respondeu: "Não fui: sou." Então tirou o quadro da Virgem, e atrás havia um retrato de Allende.

Durante seu governo eram vendidos nos mercados populares uns pequenos bustos com sua imagem, e que agora são venerados nas *poblaciones* com copos com flores e lâmpadas votivas. Sua lembrança se multiplica em todos, nos anciãos que votaram nele quatro vezes, nos que votaram três vezes, nos que o elegeram, nos meninos que só o conhecem pela tradição da memória histórica. Várias mulheres entrevistadas repetiram a mesma frase: "O único presidente que falou sobre os direitos da mulher foi Allende." Quase nunca dizem seu nome: dizem "O Presidente". Como se ainda fosse, como se tivesse sido o único, como se estivessem esperando que regresse. Mas o que perdura na memória das *poblaciones* não é tanto a sua imagem, e sim a grandeza de seu pensamento humanista. "Não nos importa a casa nem a comida, e sim que nos devolvam a dignidade", diziam. E mais concretamente:

— A única coisa que queremos é o que nos tomaram: voz e voto.

Dois mortos vivos: Allende e Neruda

O culto a Allende é mais sentido em Valparaíso, o buliçoso porto onde ele nasceu, cresceu e se formou na vida política. Foi ali, na casa de um sapateiro anarquista, que leu os primeiros livros teóricos e contraiu para sempre a paixão ensimesmada pelo xadrez. Seu avô, Ramón Allende, foi fundador da primeira escola leiga que existiu no Chile, e da primeira Loja Maçônica, na qual o próprio Salvador Allende atingiu o grau supremo de Grande Mestre. Sua primeira atuação memorável foi durante os "doze dias socialistas" do já mítico Marmaduque Grove, cujo irmão casou-se com uma irmã de Allende.

É estranho que a ditadura tenha enterrado Allende em Valparaíso, onde sem dúvida ele gostaria de ser enterrado. Foi levado sem anúncios nem cerimônias na noite do dia 11 de setembro de 1973, num primitivo avião a hélice da Força Aérea por cujas frestas se metiam os ventos gelados do sul, e acompanhado só por sua esposa Hortensia Bussi, e sua irmã Laura. Um antigo membro do serviço de inteligência da Junta Militar, que entrou com os primeiros assaltantes no Palácio de La Moneda, declarou ao jornalista norte-americano Thomas Hauser que tinha visto o cadáver do presidente "com a cabeça aberta e restos de cérebro espalhados pelo chão e pela parede." Talvez por isso quando a senhora Allende pediu para ver o rosto no ataúde, os militares tenham-se negado a descobri-lo e só pôde ver um vulto coberto por um lençol. Foi enterrado no Cemitério de Santa Inês, no mausoléu familiar de Marmaduque Grove, sem mais oferendas que um ramo de flores depositado por sua esposa, dizendo: "Aqui está enterrado Salvador Allende, presidente do Chile." Acreditavam que dessa forma estaria fora do alcance da veneração popular, mas não foi possível. O túmulo é agora um lugar de peregrinações permanentes, e sempre há nele flores depositadas por mãos invisíveis. Tratando de impedir isso, o governo tentou fazer com que as pessoas acreditassem que o cadáver fora levado a outro lugar, mas as flores permanecem frescas no túmulo.

Outro culto que permanece vivo nas novas gerações é o de Pablo Neruda em sua casa marinha da *Isla Negra*. Esta localidade lendária não é uma ilha nem é negra, embora seu nome o indique, mas sim uma aldeia de pescadores quarenta quilômetros ao sul de Valparaíso pela estrada de San Antonio, com caminhos de terra amarela entre pinheiros gigantescos, e um mar verde e bravio, de grandes ondas. Pablo Neruda teve ali uma casa que é um lugar de peregrinação de namorados do mundo inteiro. Franquie e eu tínhamos ido até lá para estabelecer o plano de filmagem enquanto a equipe italiana fazia as últimas tomadas no porto de Valparaíso, e o *carabinero* de plantão indicou-nos onde estava a ponte, onde estava a pensão, onde estavam outros lugares que o poeta consagrou em seus versos, mas me advertiu que estava proibido visitar a casa.

— Pode vê-la por fora — disse.

Enquanto esperávamos a equipe na pensão compreendemos até que ponto o poeta tinha sido a alma de *Isla Negra*. Quando ele estava ali, os jovens do mundo inteiro transbordavam o lugar levando como único guia turístico seus vinte poemas de amor. Não queriam nada, a não ser vê-lo um instante, e em último caso pedir-lhe um autógrafo, pois para eles era suficiente a lembrança do lugar. A pensão era então um ponto alegre e buliçoso, onde Neruda aparecia de vez em quando com seus ponchos coloridos e seus gorros andinos, enorme e lento feito um papa. Ia falar pelo telefone — tinha mandado tirar o seu para ter maior tranquilidade — ou entrar em acordo com dona Elena, a proprietária, para a preparação de algum jantar que oferecia aos amigos em sua casa. Isso quer dizer que a cozinha da pensão era de altíssimos voos. Neruda era um especialista nas finuras do mundo, e sabia cozinhá-las como um profissional. Tinha tão refinado o culto do bom comer, que se preocupava com o detalhe mais ínfimo ao pôr a mesa, e era capaz de mudar a toalha, a louça e os talheres, tantas vezes quantas parecesse necessário, para que estivessem de acordo com o tipo de comida que ia servir. Doze anos depois de sua morte, tudo aquilo parecia arrasado por um vento de desolação. Dona Elena tinha ido para Santiago, esgotada pelas dores da saudade, e a pensão estava a ponto de desmoronar. Mas ainda ficava o vestígio de grande poesia: desde o último terremoto, na *Isla Negra* continuam sendo sentidos tremores de terra intermitentes a cada dez ou quinze minutos, todos os dias com todas as suas noites.

A terra treme sempre em *Isla Negra*

Encontramos a casa de Neruda à sombra de seus pinheiros guardiães, rodeada pelos quatro lados por uma cerca de quase um metro de altura, que o poeta construiu ao redor de sua vida privada. Agora nasceram flores na madeira. Um letreiro adverte que a casa está lacrada pela polícia, e que é proibido entrar e tirar fotografias. O *carabinero* que rondava por ali de tanto em tanto foi ainda mais explícito: "Aqui está proibido tudo." Como isto a gente já sabia antes de chegar, o cinegrafista italiano levou um equipamento grande, muito visível, para que fosse retirado na barreira dos *carabineros*, e levou escondido outro equipamento, portátil. Além disso, o grupo foi dividido em três automóveis, com o fim de levar os rolos de filme para Santiago conforme fossem sendo filmados. Assim, se fôssemos surpreendidos só perderíamos o material que tivéssemos naquele momento. No caso de uma surpresa eles fingiriam não me conhecer, e Franquie e eu seríamos turistas inocentes.

As portas permaneciam fechadas por dentro, as janelas tinham sido cobertas por cortinas brancas, e o mastro da entrada não tinha bandeira, que só era içada para indicar que o poeta estava em casa. Porém, no meio de tanta tristeza, chamava a atenção o resplendor do jardim, que mãos desconhecidas se ocupam de cuidar. Matilde, a esposa de Neruda, que tinha morrido pouco antes da nossa visita, levou os móveis depois do golpe militar, levou os livros, as coleções de tudo de divino e de humano que o poeta fez ao longo de sua vida errante. Não era a simplicidade, e sim uma grandiloquência impressionante, o que distinguia as casas que ele teve em diferentes cantos do mundo. Sua febre de aprisionar a natureza não apenas em seus versos magistrais o levou a ter coleções de caracóis dementes, de carrancas de proa, de borboletas de pesadelo, de taças e copos exóticos. Em algumas de suas casas a gente se encontrava de repente com um cavalo empalhado que parecia vivo no meio de um escritório. Além disso, entre suas grandes obsessões criadoras, a mais visível depois de sua poesia, e a menos gloriosa, era a de reformar a seu bel-prazer a arquitetura de suas casas. Uma delas era tão original que para passar da sala de visitas à sala de jantar era preciso dar uma volta pelo quintal, e o poeta tinha guarda-chuvas disponíveis para que seus convidados pudessem comer sem se resfriar, em tempos de chuva. Ninguém desfrutava mais nem ria mais que ele mesmo com seus próprios disparates. Seus amigos venezuelanos, que relacionam o mau gosto com o azar, lhe diziam que aquelas coleções eram *pavorosas*. Ou seja: fatídicas. Ele replicava morto de rir que a poesia é o antídoto para qualquer malefício, e demonstrou isso até a exaustão, com suas coleções temíveis.

 Na verdade, sua residência principal era a da Rua Marqués de la Plata, em Santiago, onde morreu de uma velha leucemia apressada pela tristeza, poucos dias depois do golpe militar, e que foi saqueada pelas patrulhas de repressão que armaram fogueiras de livros no jardim. Com o dinheiro que recebeu pelo Prêmio Nobel, quando era embaixador da Unidade Popular em Paris, Neruda comprou na Normandia a antiga cavalariça de um castelo, depois transformada em residência, nas margens de um remanso com lótus de flores rosadas. Tinha uns tetos altos que pareciam abóbadas de igreja, e uns vitrais cujas luzes pintavam no poeta cores radiantes, enquanto recebia seus amigos sentado na cama, com sua pompa e sua autoridade de pontífice. Não chegou a desfrutá-la um ano.

Mesmo assim, a casa da *Isla Negra* é a que os leitores identificam melhor com sua poesia. Mesmo depois de sua morte e em seu estado atual de abandono, continua recebendo uma nova geração de namorados que não tinham mais de oito anos quando ainda vivia o poeta. Chegam do mundo inteiro, para gravar corações com iniciais e escrever mensagens de amor na cerca que impede a entrada. A maioria são variações sobre o mesmo tema: *Juan y Rosa se aman a través de Pablo, Gracias Pablo porque nos enseñaste el amor, Queremos amar tanto como tú.* Mas há outras que os *carabineros* não conseguiram impedir ou apagar: *El amor nunca muere, generales, Allende y Neruda viven, Un minuto de oscuridad no nos volverá ciegos.* Estão escritos ainda nos espaços menos esperados, e a cerca inteira dá a impressão de que há várias gerações de letreiros sobrepostos por falta de espaço. Se alguém tivesse a paciência de fazê-lo, poderiam ser reconstruídos poemas completos de Neruda pondo em ordem os versos soltos que os namorados escreveram de memória nas tábuas da cerca. O mais impressionante de nossa visita, porém, era que a cada dez ou quinze minutos aqueles letreiros pareciam ganhar vida com os tremores profundos que sacudiam a terra. A cerca queria sair do chão, as madeiras rangiam nas dobradiças e ouvia-se tilintar de copos e metais como numa balandra à deriva, e a gente tinha a impressão de que era o mundo inteiro que estremecia com tanto amor semeado no jardim da casa.

Na hora da verdade, todas as nossas precauções foram inúteis. Ninguém apreendeu as câmaras nem impediu a passagem de ninguém, porque os *carabineros* tinham ido almoçar. Filmamos tudo, não só o que estava previsto mas muito mais, pois Ugo estava dentro do mar, embriagado pelos tremores, e se metia até a cintura nas ondas que arrebentavam com um estrondo pré-histórico contra as rochas. Arriscava a vida, porque mesmo sem terremotos esse mar indomável o teria arrastado até os rochedos. Mas ninguém podia impedi-lo. Ugo filmava sem parar, sem direção, delirando no visor, e qualquer um que conheça por dentro o ofício do cinema sabe muito bem que é impossível dirigir ou controlar um cinegrafista em transe.

Grazia subiu aos céus

Tal como tínhamos planejado, cada rolo filmado era mandado com urgência a Santiago, para que Grazia o levasse à Itália naquela mesma noite. A data de sua viagem não foi escolhida ao acaso. Fazia uma semana que estávamos estudando a maneira de tirar do Chile todo o material filmado até então, mas não tínhamos podido concretizar as vias clandestinas previstas no plano inicial. Nesse ínterim, foi divulgada a notícia de que chegava de Roma o novo cardeal do Chile, monsenhor Francisco Fresno, substituto do cardeal Silva Henríquez, que tinha se aposentado ao completar setenta e cinco anos. Este último, inspirador da *Vicaría de la Solidariedad*, deixava um sentimento de gratidão popular e uma consciência de luta no clero que tirava o sono da ditadura.

Não era para menos. Nas *poblaciones* mais pobres há padres que trabalham como carpinteiros, como pedreiros, como operários, mão a mão com os moradores, e alguns deles foram mortos pela polícia em manifestações de rua.

Não tanto por sua condescendência com o novo cardeal — cujo pensamento político ainda era um enigma — mas pelo júbilo que lhe provocava a saída do cardeal Silva Henríquez, o governo interrompeu por um dia as restrições do estado de sítio e fez um chamado através dos meios oficiais de difusão para que fosse feita uma recepção colossal a monsenhor Fresno. Mas ao mesmo tempo, por via das dúvidas, o general Pinochet partia para uma viagem de duas semanas ao norte do país, com sua família e com toda sua corte de jovens ministros desconhecidos, sem dúvida para que nem ele nem nenhum deles se vissem obrigados a participar na recepção imprevisível. Confundida a cidade pelas decisões oficiais contraditórias, só duas mil pessoas acudiram à *Plaza de Armas*, onde cabem e eram esperadas pelo menos seis mil.

Fosse como fosse, era fácil prever que aquela tarde de confusão oficial era a mais propícia para tirar do país a primeira remessa de rolos filmados. Nessa mesma noite chegou para nós, em Valparaíso, a mensagem em código: *Grazia subiu aos céus*. E assim foi: ela chegou ao aeroporto mais vigiado que nunca, mas também mais abarrotado e anárquico que nunca, e os próprios policiais a ajudaram a despachar as malas e embarcar sem perda de tempo no mesmo avião em que acabava de chegar o cardeal.

7

A POLÍCIA ESPREITA: O CÍRCULO COMEÇA A SE FECHAR

ELENA TINHA PASSADO um fim de semana angustiante enquanto eu filmava em Concepción e Valparaíso sem entrar em contato com ela. Seu dever era denunciar meu desaparecimento, mas ela deixou passar mais tempo que o previsto sabendo que eu era um incorrigível improvisador. Esperou toda a noite do sábado. No domingo, vendo que eu não chegava, entrou em contato sem nenhum resultado com pessoas que poderiam ter alguma pista. Tinha fixado para si mesma, como prazo último, até o meio-dia da segunda-feira para dar o alarma, quando me viu entrar no hotel com cara de maldormido e sem me barbear. Ela tinha cumprido missões muito importantes e arriscadas, mas jurou que nunca sofrera tanto com um falso esposo indomável como tinha sofrido comigo. Mas dessa vez tinha um motivo adicional e justo. No fim de diligências incontáveis, de encontros fracassados e de um planejamento milimétrico, eu tinha marcado para as onze da manhã desse mesmo dia a entrevista secreta com os dirigentes da Frente Patriótica Manuel Rodríguez.

Era, sem dúvida, a mais difícil e perigosa de todas as que tínhamos previsto, e a mais importante. A Frente Patriótica Manuel Rodríguez está integrada em sua quase totalidade por membros de uma geração que mal tinha saído da escola primária quando Pinochet assaltou o poder. Declarou-se partidária da unidade de todos os setores de oposição, para a derrubada da ditadura e o regresso a uma democracia que permita ao povo chileno decidir com autonomia integral seu próprio destino. Seu nome veio de um personagem alegórico da independência chilena, em 1810, que parecia ter poderes sobrenaturais para driblar todos os controles, tanto internos quanto externos, e que manteve a comunicação constante entre o exército libertador que operava em Mendoza, no lado argentino, e as forças clandestinas que resistiam dentro do Chile, depois que os patriotas foram derrotados e o poder reconquistado pelos realistas. Muitos elementos das condições de então têm semelhança mais do que notáveis com a situação atual do Chile.

Entrevistar os dirigentes da Frente Patriótica é um privilégio com o qual sonha qualquer bom jornalista. Eu não podia ser uma exceção. Consegui chegar no último instante, depois de colocar os membros da equipe nos diferentes lugares combinados. Cheguei sozinho a um ponto de ônibus da Rua Providência com a senha de identificação: o jornal *El Mercurio* do dia e um exemplar da revista *Qué Pasa*? Não tinha nada mais a fazer, a não ser esperar, até que alguém se aproximasse para perguntar: "O senhor vai para a praia?" Eu devia responder: "Não, vou ao zoológico." O código me parecia absurdo, porque ninguém pensaria em ir à praia no outono, mas os oficiais de ligação da Frente Patriótica me disseram mais tarde, com toda a razão, que justamente por ser absurdo não havia nenhuma possibilidade de que alguém usasse o código por erro ou casualidade. Dez minutos depois, quando já sentia que minha presença era notória demais num lugar com tanta gente, vi aproximar-se um rapaz de estatura mediana, muito magro, que mancava da perna esquerda e usava uma boina que teria sido suficiente para que eu o identificasse como um conspirador. Dirigiu-se a mim sem dissimular, e eu cortei-lhe o passo antes que me dissesse e esperasse a contrassenha.

— Você não podia ter se disfarçado de outra coisa? — disse eu rindo. — Porque do jeito que você está, até eu o reconheci.

Mais do que surpreendido, ele me olhou muito triste.

— Dá para notar muito?

— A léguas de distância — respondi.

Era um rapaz com senso de humor, sem nenhuma vaidade de conspirador, e isto aliviou a tensão desde o primeiro contato. Nem bem se aproximou de mim, uma caminhonete de carga com o letreiro de uma padaria estacionou na minha frente, e eu subi no banco ao lado do motorista. Então demos várias voltas pelo centro da cidade e fomos recolhendo em diferentes pontos os membros da equipe italiana. Mais tarde nos deixaram em cinco lugares diferentes, tornaram a deslocar-nos separados em outros automóveis, e no final voltaram a reunir-nos e levar-nos em outra caminhonete onde já estavam as câmaras, as luzes e o equipamento de som. Eu não tinha a impressão de estar vivendo uma aventura séria e grave da vida real, mas sim de estar brincando de filme de espionagem. O contato de boina e da cara de conspirador tinha desaparecido numa das tantas voltas, e nunca mais o vi. Em seu lugar apareceu um motorista com pinta de gozador, mas de um rigor inquebrantável. Eu me sentei ao seu lado, e o resto da equipe atrás, no compartimento de carga.

— Vou levá-los para dar um passeio — ele disse —, para que sintam o cheirinho do mar chileno.

Pôs o rádio no volume máximo e começou a dar voltas pela cidade, até eu não saber onde estávamos. Mesmo assim, para ele isso não foi suficiente, e mandou-nos fechar os olhos com um modismo chileno que eu já tinha esquecido: "*Buenos chiquillos, ahora van a hacer tutito*" (meninos bonzinhos agora vão nanar). Já que não dávamos bola, insistiu de maneira mais direta:

— Depressinha, vamos, é só fechar os olhinhos e não abri-los até que eu diga, porque senão a história acaba aqui mesmo.

Contou-nos que tinha para essas operações um modelo especial de "óculos cegos", que por fora pareciam óculos de sol, mas que por dentro não deixavam ver nada. Só que desta vez tinha esquecido os óculos. Os italianos que iam atrás não entendiam a gíria chilena, e tive de traduzir para eles.

— Durmam — disse.

Então pareceram entender menos.

— Dormir?

— Isso mesmo, do jeito que estão ouvindo — disse —, deitem, fechem os olhos e não abram até que eu avise.

A distância exata: dez boleros

Deitaram-se amontoados no chão da caminhonete, e eu continuei tentando identificar o bairro que começávamos a atravessar. Mas o motorista me avisou, seco:

— Para o senhor vale a mesma coisa, companheiro, portanto vai nanando aí.

Então apoiei a nuca no encosto do banco, fechei os olhos e me deixei levar pela corrente de boleros que fluíam sem parar do rádio. Boleros de sempre: Raul Chu Moreno, Lucho Gatica, Hugo Romani, Leo Marini. O tempo passava, as gerações se sucediam, mas o bolero permanecia invencível no coração dos chilenos, mais que em qualquer outro país.

A caminhonete parava a cada certo tempo, ouviam-se murmúrios incompreensíveis, e a voz do motorista: "Tchau, depois nos vemos." Acho que falava com outros militantes colocados em lugares-chave, que lhe davam informações sobre o percurso. Eu fiz uma vez uma tentativa de abrir os olhos, pensando que ele não me via, e então descobri que ele tinha mexido o espelho retrovisor de tal modo que podia dirigir ou falar com seus contatos sem tirar os olhos de cima de mim.

— Cuidadinho aí! — disse. — O primeiro que abrir os olhos, voltamos para casa e acabou o passeio.

Eu tornei a fechá-los, e comecei a cantar com o rádio: *Que te quiero, sabrás que te quiero.* Os italianos deitados no compartimento de carga me fizeram coro. O motorista se entusiasmou.

— Isso, meninos, cantando aí, cantam muito bem — disse. — Estão em boas mãos.

Antes do exílio havia alguns lugares de Santiago que eu identificava com os olhos fechados: o matadouro pelo cheiro de sangue velho, a comuna de San Miguel pelos cheiros de óleo de motor e material de ferrovia. No México, onde vivi muitos anos, saberia que estava perto da saída de Cuernavaca pelo cheiro inconfundível da fábrica de papel, ou na zona de Azcapotzalco pela fumaça da refinaria. Naquele meio-dia em Santiago não encontrei nenhum cheiro conhecido, apesar de procurá-lo por mera curiosidade enquanto cantávamos. No fim de dez boleros, a caminhonete parou.

— Não abram os olhinhos — apressou-se em dizer-nos o motorista. — Vamos descer direitinho, de mãozinhas dadas para que ninguém caia de bundinha.

Fizemos isso, e começamos a subir e descer por um caminho de terra solta, talvez escarpado e sem sol. No final mergulhamos numa escuridão menos fria e com cheiro de peixe fresco, e por um momento pensei que tínhamos descido até Valparaíso, à beira-mar. Mas não dava tempo. Quando o motorista mandou a gente abrir os olhos, nos encontrávamos os cinco num quarto estreito, com paredes limpas e móveis baratos mas muito bem-conservados. Na minha frente estava um homem jovem, bem-vestido, com o bigode postiço grudado de qualquer jeito. Soltei uma risada.

— Arrume-se melhor — disse a ele —, desse jeito ninguém acredita no bigode.

Também ele deu uma gargalhada e tirou o bigode postiço.

— É que eu estava meio apressado — disse.

O gelo rompeu-se completamente, e todos passamos brincando para outro cômodo, onde jazia em aparente sonolência um homem muito jovem com a cabeça enfaixada. Só então compreendi que estávamos num hospital clandestino muito bem-conservado, e que o ferido era Fernando Larenas Seguel, o homem mais procurado do Chile.

Tinha vinte e um anos e era um militante ativo da Frente Patriótica Manuel Rodríguez. Duas semanas antes regressava para sua casa de Santiago, à uma da madrugada, sozinho e desarmado, dirigindo seu automóvel, quando foi rodeado por quatro homens vestidos em roupas civis e com fuzis de guerra. Sem dizer nada, sem fazer-lhe nenhuma pergunta, um deles disparou através do vidro, e o projétil atravessou-lhe o antebraço esquerdo e feriu-o no crânio. Quarenta e oito horas depois, quatro oficiais da Frente Manuel Rodríguez o resgataram a tiros da Clínica Nuestra Señora de las Nieves, onde estava em estado de coma sob vigilância policial, e o levaram a um dos quatro hospitais clandestinos do movimento. No dia da entrevista estava se recuperando, e teve domínio suficiente para responder nossas perguntas.

Poucos dias depois deste encontro, fomos recebidos pela direção suprema da Frente Patriótica, com as mesmas precauções quase cinematográficas, mas com uma diferença significativa: em vez de um hospital clandestino, nos encontramos numa casa de classe média, alegre e cálida, com uma estonteante coleção de discos dos grandes mestres e uma excelente biblioteca literária com livros lidos, o que não é muito frequente em muitas boas bibliotecas. A ideia original era filmá-los encapuzados, mas no final decidimos protegê-los com recursos técnicos de iluminação e enquadramento. O resultado — como se vê no filme — é mais convincente e humano, e naturalmente muito menos truculento que as entrevistas tradicionais de dirigentes clandestinos. Terminados os diversos encontros com personalidades públicas e secretas, Elena e eu decidimos de comum acordo que ela regressaria às suas atividades normais na Europa, onde vivia há algum tempo. Seu trabalho político é importante demais para submetê-la a outros riscos além dos indispensáveis, e a experiência adquirida até então me permitia terminar sem a sua ajuda os pedaços finais do filme, que pareciam menos perigosos. Não tornei a encontrá-la até hoje, mas quando a vi afastar-se na estação do metrô, de novo com sua saia escocesa e seus mocassins de colegial, compreendi que sentiria falta dela, mais do que imaginava, depois de tantas horas de amores fingidos e sobressaltos em comum.

Prevendo que as equipes estrangeiras tivessem de sair do Chile por motivos de força maior, ou que fossem proibidas de trabalhar, um setor de resistência interna me ajudou a formar uma equipe de cineastas jovens saídos de suas fileiras. Foi um acerto. Esta equipe fez um trabalho tão rápido e com resultados tão bons quanto as outras, melhorado, além do mais, pelo entusiasmo de saber o que faziam, pois sua organização política nos deu a certeza de que não só eram de absoluta confiança como estavam bem treinados para o perigo. No final, quando os estrangeiros não eram suficientes, foi necessário ter mais pessoal para filmar nas *poblaciones*, e essa equipe encarregou-se de criar outras, e estas outras, até que na última semana chegamos a ter seis equipes chilenas trabalhando ao mesmo tempo em lugares diferentes. Para mim, elas serviram, além disso, para medir melhor o grau de determinação e a eficácia da geração nova que está empenhada, sem pressa e sem ruído, em libertar o Chile do desastre militar. Apesar da pouca idade, todos têm mais que uma visão do futuro. Têm um passado de façanhas incógnitas e vitórias ocultas, que levam guardado no coração com uma grande modéstia.

O círculo começa a se fechar

Nos dias em que entrevistamos a direção da Frente Patriótica, chegou a Santiago a equipe francesa, depois de cobrir com resultados excelentes o programa previsto. Era indispensável, pois o norte é uma zona histórica na formação dos partidos políticos do Chile. Ali se aprecia melhor a continuidade ideológica e política, desde Luis Emilio Recabarren, criador do primeiro partido operário, no amanhecer do século, até Salvador Allende. Nessa zona está uma das minas de cobre mais ricas do mundo, que foi industrializada pelos ingleses no século passado, nos tempos da revolução industrial, e deu origem à nossa classe operária. Dali vem, além disso, o movimento social chileno, sem dúvida o mais importante da América Latina. Quando Allende subiu ao poder, sua medida mais importante, e a mais perigosa, foi a nacionalização do cobre. Uma das primeiras de Pinochet foi sua restituição a seus donos tradicionais.

O relatório de trabalho do diretor da equipe francesa, Jean Claude, foi muito amplo e detalhado. Tinha que imaginá-lo na tela para não estropiar a unidade do filme, pois não poderia ver as provas até que retornasse a Madri com tudo terminado, e aí seria tarde demais para qualquer ajuste. Em parte por razões de segurança, mas sobretudo pelo prazer de estar no Chile, não nos reunimos num lugar fixo, percorremos a cidade em outras manhãs deste outono crucial. Caminhamos pelo centro, subimos nos ônibus menos usuais, tomamos cafés nos lugares mais visíveis, comemos mariscos com cerveja, e já de noite estávamos tão longe do hotel que nos metemos no metrô.

Eu não o conhecia, pois tinha sido inaugurado pela Junta Militar, embora a construção tenha sido iniciada no governo de Eduardo Frei e continuada no governo Allende. Surpreendeu-me sua limpeza e eficácia, e a naturalidade com que meus compatriotas tinham se acostumado a viajar debaixo da terra. Era um mundo que até então eu não tinha descoberto, porque carecíamos de argumentos convincentes para pedir autorização de filmagem. O fato de que tenha sido construído pelos franceses nos deu a ideia de que a equipe de Jean Claude poderia filmá-lo. Estávamos falando nisso quando chegamos à estação Pedro Valdívia, e na escada de saída tive a impressão concreta de que alguém estava nos vigiando. Era verdade: um policial à paisana nos observava com tanta atenção que seu olhar e o meu se encontraram na metade do caminho.

Àquela altura eu já era capaz de reconhecer um policial à paisana no meio da multidão. Embora vestidos de civis, eles têm um aspecto inconfundível, com seu jaquetão azul-escuro, fora de moda, e o cabelo cortado quase a zero, como os recrutas. Mas o que primeiro os delata é sua maneira de olhar, pois os chilenos não olham ninguém na rua — caminham ou viajam nos ônibus com os olhos fixos. Portanto, quando vi o homem corpulento, que continuava me olhando mesmo depois que se percebeu descoberto, identifiquei-o no mesmo instante como um policial. Tinha as mãos nos bolsos da jaqueta grossa, de lã, o cigarro nos lábios, e o olho esquerdo meio fechado pelo incômodo da fumaça, numa imitação lamentável dos detetives de cinema. Não sei porque me pareceu que era Guatón Romo, um sicário da ditadura que tinha bancado o esquerdista ardoroso e denunciou numerosos ativistas clandestinos que depois foram sacrificados.

Reconheço que meu erro grave foi olhá-lo, mas teria sido inevitável, porque não foi um ato voluntário, e sim um impulso inconsciente. Depois, pela mesma força instintiva, olhei primeiro à minha esquerda, e em seguida à minha direita, e vi outros dois. "Fale-me qualquer coisa", disse a Jean Claude, em voz muito baixa. "Fale mas não gesticule, não olhe, não faça nada." Ele compreendeu e continuamos caminhando com a naturalidade de dois inocentes, até sairmos à superfície. Era de noite, mas o ar tinha ficado mais morno e mais claro que nos dias anteriores, e havia muita gente que regressava para casa pela Alameda. Então me separei de Jean Claude.

— Desapareça — disse a ele. — Eu acho você depois.

Ele correu para a direita e eu me perdi na multidão em sentido contrário. Tomei um táxi que passou na minha frente como que enviado pela minha mãe, e então cheguei a ver os três homens surpreendidos que acabavam de sair da estação subterrânea e não sabiam a quem seguir, se Jean

Claude ou eu, e foram engolidos pela multidão. Quatro quarteirões adiante desci, tomei outro táxi em sentido oposto, e depois outro e outro, até que achei que era impossível que estivessem me seguindo. A única coisa que não entendi, nem consegui entender ainda, é por que teriam seguido a gente. Desci na frente do primeiro cinema que vi e entrei sem nem olhar o programa, convencido como sempre, por pura deformação profissional, de que não há ambiente mais seguro e mais propício para pensar.

O que o senhor acha de minha bunda, cavalheiro?

Era um programa duplo de filme e espetáculo ao vivo. Não tinha acabado de sentar quando terminou a projeção, iluminaram o lugar a meia-luz, e o mestre de cerimônias começou a longa falação para vender seu espetáculo. Eu estava tão impressionado, que continuei olhando para a porta, para ver se ainda me seguiam. Os vizinhos começaram a olhar também, com essa curiosidade irreprimível que é quase uma lei da conduta humana, como ocorre na rua quando alguém olha para o céu e a multidão acaba parando, e olhando também, tentando ver o que o outro vê. Mas ali havia sem dúvida uma razão adicional. Aquele lugar inteiro era esquisito. A decoração, as luzes, a combinação de cinema e *strip-tease* e sobretudo os espectadores, todos homens, e com um aspecto de fugitivos sabe-se lá de onde. Todos, e eu mais que todos, pareciam escondidos. Para qualquer polícia, com ou sem razão, aquela pareceria uma assembleia de suspeitos.

A impressão de espetáculo proibido estava muito bem dada pelos empresários, e em especial pelo mestre de cerimônias, que anunciava as coristas no palco com descrições que mais pareciam de pratos suculentos de um menu. Elas iam aparecendo conforme ele chamava, mais peladas do que quando tinham vindo ao mundo, e maquiavam o corpo para inventar graças que não existiam. Depois do desfile inicial, ficou sozinha no palco uma morena de redondezas astronômicas que requebrava e movia os lábios para fingir que era ela quem cantava a todo volume a canção de um disco de Rocío Jurado. Já havia passado tempo suficiente para que me arriscasse a sair, quando ela desceu do palco arrastando um microfone de fio longo e começou a fazer perguntas de uma graça petulante. Eu estava esperando uma boa ocasião para sair, quando me senti revelado pelo refletor, e ouvi em seguida a voz suburbana da falsa Rocío.

— Vamos ver o senhor, cavalheiro, o da carequinha tão elegante.

Não era eu, é claro, e sim o outro, mas era eu por desgraça quem tinha de responder por ele. A corista se aproximou arrastando o fio do microfone, e falou tão perto de mim que percebi as cebolas de seu hálito.

— O que o senhor acha das minhas cadeiras?

— Estão muito bem — respondi ao microfone —, o que quer que eu diga?

Em seguida virou de costas e moveu as nádegas quase na minha cara.

— E minha bunda, cavalheiro, o que está achando dela?

— Estupenda — disse. — Imagine só.

Depois de cada resposta minha, ouvia-se uma gravação de gargalhadas nos alto-falantes, igualzinho nas comédias pueris da televisão norte-americana. O truque era indispensável, porque ninguém ria na sala, e em todos se notava o desejo de se tornarem invisíveis. A corista aproximou-se mais, e continuava movendo-se muito perto da minha cara

para que eu visse a pinta verdadeira que tinha numa nádega, uma pinta negra e peluda como uma aranha.
— O senhor gosta da minha pinta, cavalheiro? Depois de cada pergunta aproximava o microfone da minha boca para aumentar o volume da minha resposta.
— Claro — disse —, a senhora inteirinha é muito bonita.
— E o que o senhor faria comigo, cavalheiro, se eu lhe propusesse passar uma noite na cama? Vamos, conte-me tudo.
— Olhe, não sei o que dizer — disse eu. — Ia amá-la muito.

Aquele suplício não terminava nunca. Além do mais, em minha confusão tinha me esquecido de falar como uruguaio, e quis corrigir o erro na última hora. Então ela me perguntou de onde eu era, tentando imitar meu sotaque indefinido, e quando eu disse, exclamou:
— Os uruguaios são muito bons de cama. O senhor não é?

Não me sobrou outro caminho a não ser bancar o chato.
— Por favor — disse a ela —, não me pergunte mais nada.

Então ela entendeu que não havia mais nada a fazer comigo, e buscou outro interlocutor. No momento em que achei que minha saída não seria demasiado ostensiva, abandonei o lugar depressa e me dirigi caminhando ao hotel, com a inquietação crescente de que nada do que aconteceu naquela tarde tinha acontecido por acaso.

8

ATENÇÃO: HÁ UM GENERAL DISPOSTO A CONTAR TUDO

ALÉM DOS CONTATOS de Elena, eu tinha criado uma vertente paralela de trabalho com amigos de antigamente, que me ajudaram a formar as equipes chilenas de filmagem e a mover-nos com inteira liberdade nas *poblaciones*. A primeira pessoa que procurei, nos dias em que regressei de Concepción, foi Eloísa, uma mulher elegante e bela, casada com um industrial muito conhecido. Ela me levou até sua sogra, uma viúva de mais de setenta anos, valente e engenhosa, que superava a solidão consumindo novelas de televisão, quando seu sonho dourado era ser protagonista de aventuras intrépidas da vida real.

Eloísa e eu tínhamos sido cúmplices de atividades políticas na universidade, e nossa amizade tinha se consolidado durante a última campanha de Salvador Allende, quando participamos juntos do setor de propaganda. Poucos dias depois da minha chegada fiquei sabendo por acaso que ela era a estrela de uma empresa de relações públicas, e não pude resistir à tentação de fazer-lhe um telefonema anônimo para comprovar que era ela. A voz serena e decidida que me respondeu parecia ser a dela efetivamente, mas havia algo menos convincente em sua dicção. Portanto, nessa tarde me plantei sozinho num café da Rua Huérfanos, do qual podia vê-la sair do escritório, e assim foi. Não só não se notavam nela os doze anos que tinham passado, como estava mais elegante e bela que nunca. Comprovei, além disso, que não tinha um chofer de uniforme, como seria de supor tratando-se da esposa de um burguês influente, mas era ela mesma quem dirigia um deslumbrante BMW 635 prateado. Então mandei-lhe pelo correio um papel com uma única linha: "Antonio está aqui e quer vê-la." Era o nome falso com o qual ela me conheceu durante as lutas políticas universitárias, e eu confiava que ela lembraria.

Foi um cálculo correto. No dia seguinte, à uma em ponto, o tubarão prateado passou cantando pneus pela esquina de Apoquindo, na frente da agência Renault. Eu saltei para dentro, fechei a porta, e ela ficou atônita até me reconhecer pelo riso.

— Você está louco! — disse.
— Que dúvida! — respondi.

Fomos almoçar na pensão onde eu tinha ido sozinho no primeiro dia, mas encontramos as portas trancadas com tábuas cruzadas e um letreiro que mais parecia um epitáfio: *Fechado para sempre*. Então fomos a um restaurante francês que eu conhecia por aqueles lados. Não recordo o nome, mas é confortável, com um bom serviço, e está na frente do motel mais conhecido e elegante da cidade. Eloísa se divertia reconhecendo os automóveis dos clientes que preferiam fazer amor enquanto nós almoçávamos, e eu não me cansava de admirar a maturidade de seu bom humor.

Fui direto ao assunto. Contei-lhe sem reservas o motivo de minha permanência clandestina, e pedi sua colaboração para fazer alguns contatos que podiam ser menos arriscados para uma mulher como ela, protegida pelos privilégios de sua classe. Isto aconteceu quando ainda não tínhamos resolvido como filmar nas *poblaciones*, por falta de bons padrinhos políticos, e eu achava que ela podia me ajudar a encontrar amigos comuns dos anos da Unidade Popular que eu tinha perdido nas trevas da clandestinidade.

Não só aceitou com grande entusiasmo, como durante três noites me acompanhou a reuniões secretas, em setores da cidade onde era menos perigoso chegar num automóvel sagrado como o dela.

— Ninguém pode acreditar que um BMW 635 seja inimigo da ditadura — disse, encantada.

Graças a isso não me prenderam uma noite em que Eloísa e eu fomos surpreendidos numa reunião secreta por um dos santos blecautes provocados pela resistência naqueles dias. Os responsáveis pela reunião tinham me antecipado a notícia. Haveria primeiro um *apagón* de quarenta minutos, depois outro de uma hora, e finalmente outro que deixaria Santiago sem luz por dois ou três dias. A reunião estava prevista para muito cedo, pois as forças de repressão ficavam tomadas de um estado de nervosismo quase histérico durante os *apagones*, e as rondas de rua eram indiscriminadas e brutais. Depois viria o toque de recolher. Mas aconteceu alguma coisa e todos tivemos imprevistos de última hora, e ainda não tínhamos terminado a conversa principal quando ocorreu o primeiro *apagón*.

Os responsáveis políticos pela reunião decidiram que Eloísa e eu fôssemos embora assim que a luz voltasse, e que o resto saísse depois, separadamente. Assim que se restabeleceu a energia saímos por uma estrada sem calçamento na beira de uma montanha. De repente, numa curva, nos encontramos cara a cara com várias caminhonetes da CNI — a polícia secreta — que formavam uma espécie de túnel nos dois lados do caminho. Os agentes vestidos estavam armados com metralhadoras. Eloísa tratou de frear, mas eu a impedi.

— É preciso parar — ela disse.

— Continue — eu disse. — Não fique nervosa, vai conversando, vai rindo, e não pare enquanto não mandarem. Eu tenho meus documentos em ordem.

Não tinha acabado de dizer isso quando toquei o bolso, e meu fígado gelou: eu não tinha a carteira com passaporte. Um dos homens parou no meio do caminho com um braço levantado, e Eloísa teve que frear. Ele iluminou nossa cara com uma lanterna de pilhas, explorou o interior do carro com o facho de luz, e nos deixou passar sem pronunciar uma palavra. Eloísa tinha razão: não era possível acreditar na periculosidade de um automóvel como o dela.

Uma avó de paraquedas

Foi naqueles dias que conheci sua sogra, que ambos decidimos chamar de Clemencia Isaura desde a primeira visita, por uma associação de ideias que nunca conseguimos decifrar. Aparecemos sem anunciar na suntuosa casa número 727 dos bairros altos às cinco da tarde, e a encontramos em seu estado de placidez perpétua, tomando uma xícara de chá com biscoitinhos ingleses, enquanto os disparos de armas pesadas ressoavam na sala, e a tela da televisão se enchia de sangue. Usava um vestido caro, com chapéu e luvas, pois tem o costume de tomar o chá das cinco em ponto vestida como se fosse a uma festa de aniversário, mesmo estando sozinha. Porém, aqueles hábitos de romance inglês não estavam muito de acordo com sua personalidade, pois sendo já casada e com filhos, havia sido piloto de planadores no Canadá, e tinha uma boa marca de saltos em paraquedas.

Quando soube que a procurávamos para um assunto clandestino, importante e perigoso, me disse: "Que bom, porque a vida fica tão chata que a gente se veste, se arruma, fica elegante, e não sabe para quê." Entretanto, a proposta específica de que me ajudasse a localizar cinco pessoas em bairros difíceis da cidade provocou-lhe certa desilusão.

— Se pelo menos fosse para jogar bombas! — disse ela. Eu não queria procurar aqueles cinco homens pelos canais normais da resistência. Todos tinham trabalhado comigo desde antes da Unidade Popular. Nenhum deles tinha sido exilado. Um deles foi o que avisou Ely, no dia do golpe militar, que eu estava sendo fuzilado na frente dos escritórios da Chile Films. Outro esteve num campo de concentração no primeiro ano da ditadura, e depois continuou em Santiago com uma vida aparentemente normal, mas fazendo um trabalho político incansável. Outro tinha estado algum tempo no México, onde fez contatos com os exilados chilenos, e regressou com seus documentos legais para trabalhar na resistência. Outro tinha colaborado comigo na escola de teatro, tínhamos continuado trabalhando juntos em cinema e televisão, e na atualidade é um ativo dirigente sindical. Outro tinha estado na Itália durante dois anos, e agora é chofer de caminhões de carga, o que lhe permite fazer um bom trabalho de coordenação. Os cinco tinham mudado de casa, de ofício e de identidade, e eu não tinha nenhuma pista para encontrá-los. Há mais de mil chilenos vivendo assim, trabalhando na resistência com uma identidade diferente da que tiveram até 1973, e o desafio para Clemencia Isaura era encontrar o fio da meada para chegar até o novelo.

Além disso, os contatos prévios que ela fizesse seriam indispensáveis, porque permitiriam estabelecer em que estado de ânimo se encontravam meus velhos amigos, antes de revelar-lhes que eu estava no Chile e precisava da ajuda deles. Não sei em detalhes como ela fez isso. Mal e mal tivemos tempo de nos ver com calma antes da minha saída, e não fiz muitas perguntas concretas, porque na época não tinha pensado em contar a aventura neste livro. A única coisa que ela me disse foi que nunca tinha visto na televisão um filme tão emocionante como o que estava vivendo.

Sei que teve que caminhar dias inteiros por bairros marginais, perguntando aqui, averiguando acolá, a partir dos poucos fios que eu encontrava quase apagados em minha memória. Adverti-a de que fosse vestida de forma que lhe permitisse confundir-se com os pobres, mas ela não me levou a sério. Ia como se fosse tomar o chá com biscoitinhos ingleses nas quebradas do matadouro de Santiago. Mas sua simpatia irresistível e seu calor humano impunham uma confiança imediata. O fato é que depois de uma semana tinha encontrado três dos perdidos, e organizou para eles no número 727 um jantar que não teria sido melhor nem mais solene se tivesse sido uma ceia de gala. Dali saiu a formação da primeira equipe chilena, e todos os contatos para filmar nas *poblaciones*. A protagonista inesquecível da etapa seguinte de coordenação foi uma mulher admirável, miúda, humilde, quase invisível, cuja diligência inaudita e cujo sentido de organização clandestina fizeram possível que não houvesse um único tropeço durante a filmagem nas *poblaciones*. O nome com o qual a chamávamos, que foi o único que conhecemos, era ao mesmo tempo uma definição de sua imagem e uma homenagem a seu valor: a formiguinha invencível.

A longa procura do General Eletric

Enquanto Clemencia Isaura trabalhava, eu tinha aproveitado as horas livres para fazer contatos de alto nível com a ajuda de Eloísa. Uma noite estávamos num restaurante de luxo esperando um emissário que na verdade não chegou nunca, quando entraram dois generais com o peito blindado de condecorações. Ela os cumprimentou a distância com um gesto tão familiar de mão que me encheu de presságios escuros. Um deles aproximou-se de nossa mesa, e conversou de pé com Eloísa sobre frivolidades sociais durante uns minutos, sem me dedicar nem ao menos um olhar. Não consegui identificar sua patente, pois nunca aprendi a fazer diferença entre as estrelas dos generais e as dos hotéis. Quando voltou para a sua mesa, ela baixou o tom de voz, e pela primeira vez me falou de suas boas relações com alguns militares de patente elevada, que costumava encontrar por causa do seu trabalho.

Em sua opinião, um dos fatores da persistente permanência de Pinochet no poder, foi ter retirado da ativa oficiais de sua geração, e ter ficado com um alto-comando de oficiais novos, que estiveram sempre abaixo dele, que não são seus amigos, que mal e mal o conhecem e que na maioria o obedecem com uma submissão incondicional. Mas ao mesmo tempo esse é o seu flanco mais vulnerável, porque muitos oficiais novos não querem ser culpados pelo assassinato do presidente Allende, nem pelos anos bárbaros da repressão sangrenta e da rapina do poder. Sentem que têm as mãos limpas, e portanto se acham predestinados a fazer um acordo com os civis para o retorno sem dor à democracia. Frente à minha cara de assombro, Eloísa foi mais longe: pelo menos um general que ela conhecia estava disposto a fazer revelações públicas sobre as profundas fendas internas das Forças Armadas.

— Está estourando de vontade de falar — disse ela.

A notícia me estremeceu. A possibilidade de introduzir no meu filme aquele depoimento espetacular mudou por completo a perspectiva dos próximos dias. O problema era que Eloísa não podia assumir o risco de fazer o primeiro contato, nem teria tempo para tentá-lo, porque dois dias depois ia para a Europa numa viagem de três meses com o marido.

Clemencia Isaura, porém, me convocou urgentemente à sua casa uns dias depois, e me entregou a pista de alguém que a tinha ajudado, a pedido de Eloísa, para encontrar o militar inconformado, que já tínhamos batizado com um nome secreto: General Eletric. Deu-me um joguinho eletrônico de xadrez, muito pequeno, com o qual eu deveria ir a partir do dia seguinte à Igreja de San Francisco, às cinco da tarde.

Não recordo desde quando não entrava numa igreja. Uma das coisas que me chamou a atenção é que lá dentro havia muitas mulheres e homens lendo livros ou jornais, jogando paciência, bordando ou fazendo jogos infantis como o do gato e rato. Só então entendi porque Eloísa tinha me mandado ir com um joguinho eletrônico de xadrez, que no princípio me pareceu a coisa menos adequada para passar despercebido dentro de uma igreja. As pessoas, tal como vi na rua na noite da minha chegada, eram mudas e taciturnas na penumbra do entardecer. Na verdade, as pessoas no Chile já eram assim antes da Unidade Popular. A grande mudança ocorreu quando a candidatura de Allende ganhou forças e todo mundo viu que podia vencer, e sua vitória nos transformou de repente num país diferente: cantávamos na rua, pintávamos os muros das ruas, fazíamos teatro e mostrávamos filmes na rua, e todo mundo se confundia em manifestações de massas onde cada um desafogava seu júbilo de viver.

Tinha esperado dois dias seguidos jogando xadrez com meu outro eu uruguaio, quando escutei atrás de mim um sussurro de mulher. Eu estava sentado, e ela tinha se ajoelhado atrás de mim, de maneira que me falava quase ao pé do ouvido.

— Não olhe nem diga nada — me disse, com voz de confessionário —, aprenda de cor o número de telefone e a senha e contrassenha que vou dar, e só saia da igreja quinze minutos depois de minha saída.

Só quando se levantou e se dirigiu ao altar percebi que era uma freira muito jovem e muito bonita. A única coisa que tive que decorar foi a senha e a contrassenha, porque o número de telefone marquei com os peões no tabuleiro. Supunha-se que esse era o caminho que me levaria até o General Eletric. Porém, as cartas pareciam estar lançadas de maneira diferente. Nos dias seguintes chamei sem falta e com uma ansiedade crescente o número indicado, e sempre obtive a mesma resposta: "Amanhã."

Quem entende a polícia?

Quando eu menos esperava, Jean Claude me surpreendeu com uma notícia ruim. De acordo com um telegrama da France Presse, despachado de Santiago na semana anterior e publicado em Paris, três membros de uma equipe italiana de cinema que trabalhava no Chile em condições suspeitas tinham sido detidos pela polícia quando filmavam sem autorização na *población* de La Legua.

Franquie achava que tínhamos chegado ao fundo do poço. Eu tentei enfrentar a coisa com mais calma. Jean Claude não sabia que havia outras equipes além da dele trabalhando comigo, do mesmo jeito que as outras não sabiam que havia uma equipe francesa, e seu alarma era mais por analogia: se alguém nas mesmas condições que ele tinha sido preso, também ele corria o mesmo risco. Tratei de acalmá-lo.

— Não se preocupe — disse a ele —, isto não tem nada a ver com a gente.

Assim que ele me deixou sozinho fui procurar os italianos, e os encontrei sãos e salvos onde deveriam estar. Grazia tinha regressado da Europa e já estava incorporada à equipe. Entretanto, Ugo me confirmou que a notícia tinha sido publicada também na Itália, embora a agência italiana o tivesse desmentido. O problema é que a falsa notícia se referia a eles com seus nomes, e tinha sido divulgada com grande rapidez. Isto não é estranho. Santiago sob a ditadura é um enxame de rumores. Eles nascem, se reproduzem e se desvanecem com uma profusão assombrosa várias vezes ao dia, mas no fundo têm sempre um fundo de verdade. A notícia sobre os italianos não foi uma exceção. Tanto se falou dela na noite anterior, numa recepção na embaixada italiana, que quando os membros da equipe entraram foram recebidos nada menos que pelo chefe da Direção Geral de Comunicações (DINACO), que disse, para ser ouvido por todos os convidados:

— Veem? Aqui estão nossos três prisioneiros.

Grazia teve a impressão, antes de saber da existência da notícia, que estavam sendo seguidos. Finalmente, ao chegar ao hotel depois da festa na embaixada, pareceu-lhes que alguém havia revirado as malas e os papéis de seus quartos, mas não faltava nada. Pode ter sido uma ilusão provocada pelo sobressalto, mas também podia ser uma batida de advertência. Seja como for, havia razões para crer que algo real estava acontecendo.

Passei essa noite em claro, escrevendo uma carta ao presidente da Corte Suprema de Justiça, na qual denunciava minha repatriação clandestina, para tê-la pronta no caso de que me capturassem. Não foi uma inspiração súbita, e sim o resultado de uma lenta reflexão que ia se fazendo mais sufocante à medida que o círculo se estreitava. No princípio, eu a concebi como uma única frase dramática, como as mensagens que os náufragos jogam ao mar dentro de uma garrafa. Mas no momento de escrevê-la percebi que necessitava dar à minha ação uma justificativa política e humana, porque de certo modo devia expressar o sentimento de milhares e milhares de chilenos que enfrentavam como eu a peste do desterro. Comecei muitas vezes, rasguei muitas folhas de arrependimento, trancado num sombrio quarto de hotel que era afinal um quarto de exilado dentro de minha própria terra. Quando terminei, fazia tempo que os sinos das igrejas chamando para a missa tinham triturado o silêncio do toque de recolher, e as primeiras luzes apareciam a duras penas através das brumas daquele outono inesquecível.

9

NEM MINHA MÃE ME RECONHECE

NA VERDADE HAVIA motivos de sobra para temer que a polícia tivesse notícias da minha presença no Chile, e do tipo de trabalho que estávamos fazendo. Estávamos há quase um mês em Santiago, as equipes tinham sido vistas em público mais do que o conveniente, tínhamos feito contato com muita gente diferente, e muitas pessoas sabiam que era eu quem dirigia o filme. Estava tão familiarizado com minha nova identidade, que me esquecia de falar como uruguaio, e na vida real já não me comportava como um clandestino demasiado rigoroso.

No começo, as reuniões eram feitas em automóveis sem rumo que costumávamos trocar a cada quatro ou cinco quarteirões, por toda a cidade, e era um método tão complicado que às vezes cometíamos erros piores do que os que tratávamos de evitar. Uma noite, por exemplo, desci de um automóvel na esquina de Providencia e Los Leones, onde deveria apanhar-me cinco minutos depois um Renault 12 azul, com um cartão da Sociedade Protetora de Animais no para-brisa. Chegou tão pontual, tão Renault 12 e tão azul brilhante, que nem reparei se levava o letreiro. Subi na parte de trás, onde estava uma mulher banhada de joias, de idade madura mas ainda muito bonita, com um perfume provocador e um casaco de visom rosado que devia custar duas ou três vezes mais do que o automóvel. Um exemplar inconfundível, embora não muito comum, do bairro alto de Santiago. Ao me ver entrar ficou com a boca aberta de espanto, mas eu me apressei em acalmá-la com a senha e contrassenha:

— Onde posso comprar um guarda-chuva a esta hora?

O chofer de uniforme virou-se para mim e latiu:

— Desça, ou chamo a polícia.

Percebi com um golpe de vista que o cartão com o letreiro não estava no para-brisa, e senti no estômago a dor do ridículo. "Perdão", disse, "me enganei de automóvel." Mas a mulher já tinha recobrado o domínio. Segurou-me pelo braço, apaziguou o chofer com uma doce voz de soprano.

— Será que as Lojas Paris ainda estarão abertas? — perguntou a ele.

O chofer achava que sim, e portanto ela cismou em me levar para que eu comprasse o guarda-chuva. Além de bela era graciosa e cálida, e dava vontade de esquecer por uma noite a repressão, a polícia, a arte, e ficar com ela naquele clima saturado de sua intimidade. Deixou-me na porta das Lojas Paris, e ainda pediu desculpas por não me acompanhar na procura do guarda-chuva, porque estava quase meia hora atrasada para apanhar seu marido e assistir ao concerto de um pianista de fama mundial cujo nome esqueci.

Eram os riscos do costume. Cada vez usávamos menos frases com códigos de identificação nos encontros clandestinos. Ficávamos amigos dos emissários no primeiro cumprimento, e não íamos direto ao assunto, demorávamos comentando a situação política, falávamos de novidades do cinema e da literatura, de amigos comuns que eu queria ver apesar das advertências que me tinham sido feitas contra essa tentação. Talvez para sublinhar a inocência, um emissário chegou a um encontro com um de seus filhos, e este me perguntou engolindo a emoção: "Você é o que está fazendo um filme sobre Superman?" Assim comecei a entender que era possível viver escondido no Chile, como tantas centenas de exilados que tinham regressado incógnitos e viviam sua vida cotidiana, sem a tensão que eu sentia no começo. Tanto é assim, que se não fosse pelo compromisso do filme, que não era só com meu país e meus amigos, mas também comigo mesmo, teria mudado de ofício e de meio social, e ficado vivendo em Santiago com minha cara de sempre. Mas um mínimo de prudência obrigava a atuar de outro modo, frente à suspeita de que a polícia seguia nossos passos.

Ainda estava faltando a filmagem dentro do Palácio de La Moneda, cuja autorização sofria adiamentos sucessivos e incompreensíveis, continuava pendente a filmagem de Puerto Montt e do Vale Central, e a possibilidade inimaginável de entrevistar o General Eletric. Por outro lado, a filmagem no Vale Central eu mesmo queria fazer, por ser a região onde nasci e vivi até a adolescência. Minha mãe continuava morando lá, na pobre aldeia de Palmilla, mas tinham me advertido terminantemente que não tentasse vê-la nesta viagem por razões elementares de segurança.

A primeira coisa que fiz foi reorganizar o trabalho das equipes estrangeiras, de modo que pudessem terminar com o mínimo de riscos e o quanto antes, para voltar imediatamente a seus países. Só os italianos permaneceriam em Santiago, para nos acompanhar na filmagem de La Moneda. A equipe francesa voltaria para Paris assim que fosse filmada a "marcha da fome", anunciada para poucos dias mais tarde.

A equipe holandesa me esperava em Puerto Montt, para filmarmos juntos até muito perto do Círculo Polar, e abandonar depois o país rumo à Argentina pela passagem fronteiriça de Bariloche. No momento em que saíssem as três equipes, oitenta por cento do filme teria sido feito, e o material estaria bem guardado e sendo revelado em Madri.

E tinha cumprido uma tarefa tão eficaz, que quando cheguei à Espanha encontrei o filme pronto para ser montado.

Littín veio, filmou e se foi

Diante das circunstâncias incertas daqueles dias, o mais aconselhável parecia ser que Franquie e eu fizéssemos uma saída falsa do país, para depois entrar de novo com mais precauções. A viagem a Puerto Montt me dava uma oportunidade preciosa, pois era tão fácil fazê-la pela Argentina quanto pelo Chile. E assim foi. Pedi à equipe holandesa que me esperasse lá, marquei um encontro para três dias depois com uma das equipes chilenas no vale de Colchagua, no centro do país, e fui com Franquie de avião para Buenos Aires. Poucas horas antes telefonei para a revista *Análisis*, sem me identificar antecipadamente, e concedi à jornalista Patricia Collier uma extensa entrevista sobre minha passagem clandestina por Santiago. Dois dias depois da minha saída, efetivamente, a entrevista foi publicada com minha foto na capa, e com um título que tinha uma gotinha de piada romana: *Littín veio, filmou e se foi.*

Para que tudo fosse ainda mais realista, Clemencia Isaura nos levou — Franquie e eu — ao aeroporto de Pudahuel, dirigindo seu próprio automóvel, e nos despediu com beijos e lágrimas bem teatrais. Foi assim que saímos da maneira mais ostensiva, mas vigiados de perto pelos serviços de segurança da resistência que dariam o alarma se fôssemos presos. Isto nos permitiu saber, em primeiro lugar, que não estávamos fichados no aeroporto, e também nos permitiu deixar um registro de saída, para que, no caso de uma investigação tardia, a polícia acreditasse que tínhamos abandonado o país.

Em Buenos Aires me identifiquei com meu passaporte legítimo, para não cometer um ato ilegal num país amigo. Porém, no momento de apresentá-lo na alfândega, percebi um problema imprevisto: a pessoa da foto de meu documento autêntico, feita antes de minha transformação, se parecia muito pouco comigo. Era difícil reconhecer-me com as sobrancelhas depiladas, a calvície mais ampla, os óculos de grau. Tinham-me advertido a tempo, além disso, que era tão difícil assumir uma personalidade diferente quanto recuperar depois a própria personalidade, mas quando eu mais necessitava saber disso esqueci completamente. Por sorte, o funcionário em Buenos Aires não olhou minha cara, e assim sobrevivi ao drama silencioso de não poder ser eu nem mesmo quando na verdade era.

Franquie, de Buenos Aires, devia coordenar com Ely por telefone muitos pormenores do trabalho restante, de acordo com minhas instruções, e recolher um dinheiro que ela tinha mandado de Madri para os gastos finais. Por isso nos separamos ali para encontrar-nos de novo em Santiago. Eu voei para Mendoza, sempre em território argentino, para fazer filmagens da cordilheira chilena. Foi muito fácil, pois de Mendoza se passa para o Chile por um túnel sem um controle demasiado severo. Eu passei a pé, sozinho e com uma câmara leve de dezesseis milímetros, fiz do outro lado o que tinha de fazer, e retornei em um carro da polícia chilena, cujo motorista ficou com pena de um pobre jornalista uruguaio que não tinha como regressar à Argentina.

De Mendoza segui para Bariloche, outra localidade fronteiriça, mais ao sul. Um barco decrépito, abarrotado de turistas argentinos, uruguaios, brasileiros e de chilenos que regressavam, nos levou dali até a fronteira do Chile, através de uma paisagem polar deslumbrante, com imensos precipícios de gelo e mares tormentosos. O último trecho até Puerto Montt foi numa barca de vidros quebrados por onde o vento polar se metia com uivos de lobo, e não havia onde se abrigar do frio horroroso, nem nada para comer nem beber: nem café, nem um copo de vinho, nada. Mas meus cálculos foram corretos. Se minha saída do Chile tinha sido registrada pela polícia do aeroporto, para essa polícia não seria fácil imaginar que eu tinha entrado de novo no dia seguinte por um ponto remoto a mil quilômetros de Santiago.

Pouco antes de chegar ao posto de controle fronteiriço, um empregado do barco recolheu pelo menos trezentos passaportes, que foram olhados rapidamente, por alto, depressa e sem serem carimbados. Menos os passaportes chilenos, que foram confrontados com a extensa lista dos exilados que não podiam entrar, e que estava fixada na parede, bem na frente dos olhos dos funcionários. Para os outros, e eu entre eles, a passagem da fronteira transcorria sem tropeços, até que dois oficiais, que não reconheci como *carabineros* chilenos por sua roupa polar, mandaram abrir as maletas. Percebi que era uma revista meticulosa mas não me preocupei, porque estava certo de não levar nada que não correspondesse à minha falsa identidade. Só que quando abri minha mala saltaram e rolaram pelo chão as numerosas caixinhas vazias de cigarros "Gitane", em muitas das quais estavam escritas minhas anotações de filmagem.

Eu tinha chegado ao país com uma boa provisão de "Gitane" para dois meses, e não tinha me atrevido a jogar fora as caixinhas de papelão duro e demasiado notórias no Chile, pelo medo de deixar um rastro fácil para a polícia. As que eu esvaziava durante o trabalho eram guardadas no bolso, e depois as escondia por todo lado, com maior cuidado se tinham notas de filmagem. Houve um momento em que aquilo parecia um tipo de ilusionismo, pois havia caixinhas de Gitane vazias em todos os bolsos da roupa pendurada no armário, debaixo do colchão da cama, nas bolsas de viagem, enquanto esperava bolar uma forma segura de desfazer-me delas. Assim, caí na angústia tantálica dos presos que cavam um túnel para escapar, e não sabem onde esconder a terra. Cada vez que arrumava uma mala para mudar de hotel, me perguntava o que fazer com tantas caixinhas vazias. No fim não me ocorreu uma solução mais fácil que levá-las na mala, pois se me surpreendiam destruindo-as podia parecer um ato mais suspeito ainda. Pensava jogá-las fora na Argentina, mas ali as coisas aconteceram com tanta rapidez, que nem mesmo abri a mala. Até que tive de fazê-lo na fronteira sul, e vi com pavor o assombro e a desconfiança dos *carabineros* quando me apressei a apanhar no chão o rio de caixinhas de cigarro vazias.

— Estão vazias — disse eu.

Não acreditaram em mim, é claro. Enquanto o mais jovem cuidava dos outros passageiros, o mais velho as abriu uma por uma, examinou-as a torto e a direito, e tratou de decifrar algumas de minhas anotações. Tive então um relâmpago de inspiração.

— São uns versinhos que eu às vezes faço — disse.

Ele continuou revirando em silêncio, e no final olhou para a minha cara, para ver se decifrava na minha expressão o mistério insondável das caixinhas vazias.

— Se quiser, fique com elas — disse eu.

— E o que faço com isso? — respondeu.

Então me ajudou a colocá-las na mala outra vez e cuidou do passageiro seguinte. Eu fiquei tão confuso que não me ocorreu a ideia de jogá-las no lixo ali mesmo, na frente dos *carabineros*, e continuei arrastando-as comigo pelo resto da viagem. De regresso a Madri, não deixei que Ely as destruísse. Sentia-me tão ligado a elas, que resolvi guardá-las pelo resto da minha vida, como uma relíquia de tantas experiências duras que a memória poderia ferver em fogo brando nas cozinhas da nostalgia.

Tire um retrato com o futuro do país

Em Puerto Montt me esperava a equipe holandesa. A filmagem lá não foi decidida apenas pela beleza das paisagens indescritíveis, mas também pelo significado daquela zona em nossa história recente. Tinha sido o cenário de uma luta constante. Durante o governo de Eduardo Frei houve ali uma repressão tão brutal que os últimos setores progressistas afastaram-se do governo. A esquerda democrática tomou consciência de que não apenas seu futuro, mas o do país inteiro estava na unidade, e esse foi o princípio de um rápido e incontrolável processo que culminou com a eleição de Salvador Allende.

Terminada a filmagem em Puerto Montt, e com ela todo o programa do sul, a equipe holandesa saiu por Bariloche rumo a Buenos Aires com boa quantidade do material filmado, para deixá-lo com Ely em Madri. Eu fui sozinho a Talca em uma boa noite de trem, na qual não ocorreu nada digno de ser lembrado, à exceção do frango assado que regressou são e salvo à cozinha, pois não consegui nem ao menos arranhar sua couraça blindada. Em Talca aluguei um automóvel e fui a San Fernando, no coração do vale de Colchagua.

Na *Plaza de Armas* não havia um lugar, uma árvore, uma pedra dos muros que não me fizesse recordar minha infância. Mais que tudo, é claro, o vetusto edifício do Liceu, onde fiz minhas primeiras leituras. Sentei-me num degrau para tirar umas fotos que depois me serviram para o filme. A praça ia se enchendo pouco a pouco com o alvoroço dos meninos que entravam na escola. Alguns posavam para a câmara, outros tentavam pôr a palma da mão na frente da objetiva, uma menina deu um passo de dança tão profissional que pedi que o repetisse para fazer a foto com um fundo mais adequado. De repente, várias crianças se sentaram ao meu lado e me disseram:

— Tire um retrato com o futuro do país.

A frase me surpreendeu, porque respondia a uma que eu tinha anotado numa das tantas caixinhas de "Gitane" vazias: *Eu diria que é quase impossível encontrar alguém no Chile que não tenha uma ideia do futuro*. Principalmente as crianças de uma geração que não tinha conhecido um país diferente, e mesmo assim tinham uma convicção própria de seu destino.

Estava combinado com a equipe chilena que nos encontraríamos às onze e meia da manhã na ponte dos Maquis. Cheguei pontualmente pelo lado direito, e vi as câmaras instaladas na margem oposta. Era uma manhã limpa, perfumada pelo caminho das pensões, e eu me sentia seguro e menos exilado que nunca em minha terra natal, pois tinha tirado a gravata e o terno inglês de meu outro eu, e tornei a ser eu mesmo, com blusão e calças jeans. A sombra da barba dos dois dias de viagem desde Buenos Aires, que eu tinha tido o prazer de não raspar, era um dado a mais em minha identidade recuperada.

Quando percebi que o cinegrafista tinha me visto através do visor, desci do automóvel, atravessei a ponte muito devagar para dar tempo que ele me filmasse, e depois cumprimentei a todos, um por um, estimulado por seu entusiasmo e sua maturidade precoce. Eram de idades inacreditáveis: quinze, dezessete, dezenove anos. Ricardo, o mais velho, que dirigia a equipe, tinha vinte e um anos e os outros o chamavam de "O Velho". Nada me alentou tanto nesses dias como ter ganhado a sua cumplicidade. Ali mesmo, sobre a balaustrada da ponte, fizemos o programa de filmagem, e começamos imediatamente. Devo reconhecer que meus motivos desse dia se afastavam um pouco do propósito inicial, e na verdade iam se arrastando atrás das lembranças de minha infância. Por isso comecei com as imagens daquela ponte de minhas saudades, onde um bando de primas alvoroçadas me empurrou na água, aos doze anos, para que eu aprendesse a nadar à força. Mas ao longo da jornada, a razão original da viagem tornou a se impor. O vale de San Fernando é uma vasta zona agrícola onde, durante o governo da Unidade Popular, os camponeses reduzidos à condição secular de servos se transformaram pela primeira vez em indivíduos com direitos. Antes foi uma fortaleza da oligarquia feudal, que decidia as eleições com votos cativos de seus vassalos. Durante o governo democrata cristão de Eduardo Frei, organizou-se ali a primeira greve camponesa grande, com a participação de Salvador Allende em pessoa. Depois foi ele, já no governo, quem despojou de seus privilégios desmedidos os senhores da terra, e organizou os camponeses em comunidades ativas e solidárias. Agora, como um símbolo do retrocesso, no Vale Central está a casa de veraneio de Pinochet.

Eu não podia ir embora do lugar sem levar em mim a imagem da estátua de Dom Nicolás Palacio, autor de *La Raza Chilena*, um livro insólito que pretende que os chilenos autênticos, anteriores às grandes migrações — a basca, a italiana, a árabe, a francesa, a alemã —, são descendentes diretos dos helenos da Grécia clássica, e estão portanto determinados e marcados pelo destino para ser a força hegemônica da América Latina, e para mostrar o caminho da verdade e da salvação do mundo. Eu nasci muito perto de lá, e durante toda a infância me acostumei a ver a estátua várias vezes ao dia quando passava para ir à escola, mas ninguém nunca soube explicar-me de quem era. Pinochet, admirador máximo de Dom Nicolás Palacio, resgatou-o agora de seu limbo histórico com outro monumento erguido no coração de Santiago.

Terminamos a jornada ao anoitecer, com o tempo exato para percorrer os cento e quarenta quilômetros e chegar a Santiago antes do toque de recolher. A equipe, menos Ricardo, foi em linha reta. Ricardo ficou comigo no volante do automóvel, e demos uma longa volta até o mar, marcando os lugares para filmar no dia seguinte, e ficamos tão embebidos em nosso trabalho que passamos quatro barreiras policiais sem o menor sobressalto. Depois da primeira, porém, tive a precaução de tirar minha roupa informal de Miguel Littín, diretor de cinema, e tornei a pôr minha identidade de uruguaio. Não percebemos em que momento deu meia-noite. Descobrimos de repente — meia hora depois do toque de recolher — e vivemos um instante de pavor. Então eu disse a Ricardo que saísse da estrada principal. Metemo-nos num caminho de terra que eu recordava como se o tivesse percorrido no dia anterior, e disse a ele que virasse à esquerda, que passasse a ponte, que dobrasse à direita por uma viela invisível onde se ouvia o rumor dos animais acordados na escuridão, que apagasse as luzes e continuasse por um caminho sem asfalto, de curvas profundas e descidas abruptas, e no final do labirinto atravessamos uma aldeia adormecida cujos cães alvoroçaram todos os animais nos quintais, e do outro lado da aldeia paramos na frente da casa de minha mãe.

Ricardo não acreditou, não acredita até agora, que aquilo não fosse um plano premeditado. Juro que não foi. A verdade é que quando compreendi que estávamos violando o toque de recolher, a única ideia que tive foi nos esconder num atalho até o amanhecer, pois faltavam ainda quatro barreiras de *carabineros* até Santiago. Só quando abandonamos a estrada reconheci o caminho de terra da minha infância, os latidos dos cães do outro lado da ponte, o cheiro de cinza dos fogões apagados, e não pude reprimir o impulso irrefletido de fazer uma surpresa à minha mãe.

Você deve ser um amigo de meus filhos

A aldeia de Palmilla, com seus quatrocentos habitantes, continua sendo igual à de quando eu era menino. Meu avô paterno — um palestino nascido em Beith Sagur — e meu avô materno — o grego Cristos Cucumides — chegaram entre os primeiros de uma onda migratória que se instalou desde princípios do século ao redor da estação da estrada de ferro. A única importância que Palmilla tinha naquele tempo era que ali terminava a linha de trem que comunicava Santiago com a costa. Portanto, ali os passageiros faziam baldeação e eram descarregados os produtos que vinham do mar ou iam para o mar, e isto tinha fomentado um comércio de passagem que deu ao lugar uma prosperidade momentânea. Depois, quando se prolongou a estrada de ferro até o mar, a estação se manteve parada obrigatória para pôr água nas locomotivas, durante dez minutos que muitas vezes se prolongavam até virar um dia inteiro, e os trens passavam apitando pela casa de Matilde — minha avó árabe — para anunciar a chegada. Mas a aldeia nunca foi nada mais do que é agora: uma rua longa com algumas casas dispersas e um caminho com menos casas que a rua. Mais abaixo há um lugar que se chama La Galera, famoso porque cada família fabrica um vinho excelente que é dado para todo mundo que passa provar, para que cada um diga qual é o melhor. Foi assim que La Galera se converteu numa época no paraíso dos bêbados de todo o país.

Matilde levou a Palmilla as primeiras revistas ilustradas, pelas quais sempre teve uma afeição insaciável, e emprestava a horta da frente da casa para os circos, os teatros ambulantes e os marioneteiros. Foi ali onde se projetavam também os poucos filmes que passavam de vez em quando por aquelas quebradas, e onde me foi revelada a vocação desde que vi o primeiro, aos cinco anos, sentado nos joelhos de minha avó. Era *Genoveva de Bravante*, e a lembrança que conservo do filme é na verdade de pavor, pois haveria de passar muito tempo antes que eu entendesse como é que galopavam os cavalos e surgiam aquelas caras enormes num lençol pendurado no meio das árvores.

A casa onde Ricardo e eu chegamos naquela noite era a do avô grego, na qual vive agora minha mãe, Cristina Cucumides, e onde vivi até a adolescência. Foi construída no ano zero, e ainda conserva o estilo tradicional do campo chileno, com corredores longos, passagens sombrias, quartos labirínticos, cozinhas enormes e, lá longe, o estábulo e os potreiros. O lugar onde está se chama Los Naranjos, e sente-se de verdade um cheiro imóvel de laranja amarga, e há uma cerca de buganvílias e todo tipo de flores luminosas.

A emoção de me encontrar ali foi tão intensa, que desci antes que o carro parasse. Entrei pelos corredores desertos, atravessei o pátio em sombras, e a única coisa que saiu para me receber foi um cachorro boboca que se enredou entre as minhas pernas, mas continuei caminhando sem perceber o menor vestígio humano. A cada passo resgatava uma lembrança, alguma hora da tarde, um aroma esquecido. No final de um longo corredor apareci na porta da sala iluminada levemente por uma luz pálida, e ali estava minha mãe.

Foi uma visão muito estranha. A sala é muito grande, de tetos altos e paredes lisas, e não havia outros móveis além de uma poltrona onde estava sentada minha mãe, de costas para a porta e com um braseiro ao seu lado, e outra poltrona igual onde estava sentado o irmão dela, meu tio Pablo. Permaneciam em silêncio, os dois olhando um mesmo ponto com a candura benévola com que estariam olhando a televisão, mas na verdade não olhavam nada além da parede nua. Caminhei até eles sem tentar evitar o ruído, e como não se mexiam, disse:

— Bem, mas aqui ninguém cumprimenta ninguém, porra?

Então minha mãe se levantou.

— Você deve ser um amigo de meus filhos — disse. — Deixe-me abraçá-lo.

Tio Pablo não me via desde que fui embora do Chile, doze anos antes, nem ao menos se moveu em sua poltrona. Minha mãe tinha me visto em Madri em setembro do ano anterior, mas mesmo quando se levantou para me abraçar continuava sem me reconhecer. Agarrei-a pelos braços e sacudi-a tentando tirá-la do estupor.

— Mas olhe bem para mim, Cristina — disse, olhando seus olhos —, sou eu.

Ela tornou a me olhar com outros olhos mas não conseguiu me identificar.

— Não — disse —, não sei quem você é.

— Mas como você não me reconhece? — disse, morrendo de rir —, sou teu filho, Miguel.

Então tornou a me olhar, e seu rosto se desmanchou com uma palidez mortal.

— Ai — disse —, vou desmaiar.

Tive que segurá-la para que não caísse, enquanto o tio Pablo se levantava no mesmo estado de comoção.

— É a última coisa que eu esperava ver — disse ele —, já posso morrer em paz agora mesmo.

Precipitei-me para abraçá-lo. Parecia um passarinho, com a cabeça muito branca e enrolado num cobertor de velho, apesar de só ser mais velho que eu cinco anos. Casou-se e separou-se uma vez, e desde então foi morar na casa de minha mãe. Sempre foi muito solitário e já parecia velho desde menino.

— Não enche o saco, tio — disse —, não me faça a babaquice de morrer agora. Traga uma garrafa de vinho para celebrar o regresso.

Minha mãe nos interrompeu, como sempre, com uma revelação sobrenatural.

— Tenho um *mastul* pronto — disse.

Não acreditei até ver o *mastul* na cozinha. E não era para menos. O *mastul* só é preparado nas casas gregas para celebrar as grandes ocasiões, pois sua elaboração é muito dispendiosa. É um ensopado de cordeiro, com grão-de-bico e bolinhas de semolina, semelhante ao cuscuz árabe, e era o primeiro que minha mãe preparava naquele ano, sem nenhum motivo. Por pura inspiração.

Ricardo comeu conosco e em seguida foi dormir, sem dúvida para deixar-nos na mais completa intimidade. Pouco depois meu tio se retirou e minha mãe e eu continuamos conversando até o amanhecer. Sempre fomos de muito falar, como amigos, porque nossas idades não são muito diferentes. Ela se casou com meu pai aos dezesseis anos e me teve um ano depois, de maneira que recordo muito bem como era quando tinha vinte anos, muito bonita e juvenil, e brincava comigo como se eu não fosse um menino, e sim mais uma de suas bonecas de pano.

Estava radiante com meu regresso, mas um pouco desconcertada com meu novo modo de vestir, pois sempre gostou de me ver com meus trajes de estivador. "Você parece um padre", me disse. Não revelei a razão da minha mudança, nem as condições e o motivo de minha entrada no Chile, que ela supunha legal. Preferi mantê-la à margem da minha aventura, para não inquietá-la, é claro, mas sobretudo para não comprometê-la.

Antes que começasse a clarear ela me levou pela mão através do quintal sem me dizer para que, e me deu a grande surpresa da viagem. No fundo do quintal estava o estúdio que eu tinha em minha casa de Santiago quando escapei para o exílio, tal como o deixei, e com tudo que tinha dentro. Depois que os militares invadiram a casa pela última vez e tive que ir para o México com Ely e as crianças, minha mãe contratou um arquiteto amigo e desarmou o estúdio tábua por tábua, e o reconstruiu idêntico na velha casa da família em Palmilla. Por dentro era como se eu não tivesse ido embora nunca. No mesmo lugar em que eu havia deixado, e até mesmo na mesma desordem, estavam meus papéis da vida inteira, obras juvenis de teatro, projetos de roteiros, esquemas de palcos. O ar tinha a mesma cor, o mesmo aroma, e até pensei que era a mesma data e a mesma hora que eu tinha visto o estúdio pela última vez. Sacudiu-me um tremor muito fundo, porque naquele instante não pude saber exatamente se minha mãe tinha feito aquela reconstrução meticulosa para que eu não sentisse falta da minha casa de antes, se regressasse algum dia, ou para recordar-me melhor se eu morresse no exílio.

10

FINAL FELIZ COM A AJUDA DA POLÍCIA

DESTA VEZ O regresso a Santiago foi a volta à angústia. Era quase palpável a impressão de que o círculo se fechava cada vez mais ao nosso redor. A "marcha da fome" tinha sido reprimida com uma brutalidade sangrenta, e a polícia tinha batido em alguns membros de nossas equipes e destruído uma câmara. As pessoas que frequentávamos por causa do nosso trabalho tinham a impressão de que ninguém havia acreditado na manobra de saída, e até Clemencia Isaura estava convencida de que tínhamos nos metido, como santos inocentes, na cova dos leões. As tentativas para encontrar o general dissidente estavam bloqueadas pela eterna resposta: "Chame amanhã outra vez." Esse era o estado de alma imperante quando a equipe italiana foi informada de que a filmagem no interior do La Moneda estava autorizada para o dia seguinte, às onze da manhã.

Era impossível não acreditar que se tratava de uma armadilha mortal. Eu estava disposto a correr o risco, mas era uma responsabilidade muito grande mandar os italianos entrar nas dependências presidenciais sem saber se isso não seria metê-los numa ratoeira. Eles, porém, aceitaram fazê-lo sob sua responsabilidade e com plena consciência do risco. A equipe francesa, por sua vez, não tinha por que ficar mais tempo em Santiago. Assim, reuni seus integrantes com urgência e mandei-os sair do Chile no primeiro avião, levando todo o material filmado que faltava enviar a Madri. Foram embora naquela mesma tarde, na hora exata em que a equipe italiana, dirigida por mim, filmava no gabinete do general Pinochet.

Antes de ir a La Moneda entreguei a Franquie a carta para a Corte Suprema de Justiça, que levava na pasta havia vários dias sem me decidir a enviá-la, e pedi que a entregasse imediata e pessoalmente, o que ele realmente fez. Também deixei os números de telefones que Elena tinha dado para casos de emergência grave. Faltavam quinze para as onze quando ele me deixou numa esquina da Rua Providência, onde me reuni com a equipe italiana completa, e seguimos todos juntos até o Palácio de La Moneda. O paradoxo final foi que desta vez eu tinha me despojado do disfarce de publicitário uruguaio, e vesti minhas calças jeans e meu blusão forrado por dentro com pele de coelho. Foi uma decisão de última hora, porque os antecedentes de Grazia, como jornalista, os de Ugo como cinegrafista e os de Guido como operador de som tinham sido investigados a fundo pelas autoridades. De seus ajudantes, em compensação, ninguém pediu nem a identidade, apesar de seus nomes também estarem no pedido de autorização. Isso resolveu minha situação: entrei como ajudante de iluminação, carregado de cabos, fios e refletores.

Filmamos dois dias completos com toda tranquilidade e boa técnica, guiados por três oficiais jovens, muito amáveis, que se revezavam para nos atender. Indagamos tudo o que tinha a ver com a restauração, pois Grazia tinha se preparado muito bem sobre Toesca e a arquitetura italiana no Chile, para que ninguém duvidasse que era esse e só esse o motivo do filme. Mas também os militares estavam bem preparados. Contavam-nos com muita segurança o significado e a história de cada cômodo do palácio, e a forma em que foi restaurado em relação ao edifício anterior, mas davam evasivas e faziam circunlóquios prodigiosos para não se referir ao 11 de setembro de 1973. A verdade é que a restauração foi feita com grande fidelidade ao projeto original. Taparam algumas portas, abriram outras, derrubaram paredes, mudaram tabiques de lugar, e eliminaram a entrada da Rua Morandé, 80, por onde os presidentes recebiam visitas pessoais. Foram tantas as mudanças, que alguém que tivesse conhecido o palácio antigo não saberia se orientar neste novo.

Os oficiais que nos atendiam passaram um mau bocado quando pedimos que nos mostrassem o exemplar original da Ata de Independência que esteve exposto durante anos na sala do Conselho de Ministros, e que sabíamos que tinha sido destruído no bombardeio. Nunca admitiram isso, e nos prometiam conseguir mais tarde uma autorização especial de filmagem, e deixavam sempre para depois e depois, até que terminamos o trabalho. Tampouco puderam nos dizer onde estava a escrivaninha de Dom Diego Portales, e tantas relíquias que os presidentes anteriores tinham ido deixando ao longo dos anos para um pequeno museu histórico que foi arrasado pelas chamas. Talvez os bustos de todos os presidentes desde O'Higgins tenham tido a mesma sorte, embora seja comum a versão de que o governo militar tenha retirado todos da galeria onde sempre estiveram para não se ver na obrigação de pôr ali o de Salvador Allende. Em geral, a impressão que se tem, depois de percorrer o palácio inteiro, é que tudo foi totalmente mudado com o único propósito de apagar até o último vestígio do presidente assassinado.

No segundo dia no La Moneda, lá pelas onze da manhã, percebemos de repente uma agitação invisível no ar e sentimos ruídos apressados de botas e ferros marciais. O oficial que nos acompanhava sofreu de repente uma súbita mudança de humor, e ordenou-nos com um gesto brutal apagar as luzes e parar as câmaras. Dois guarda-costas vestidos à paisana se plantaram sem dissimular na nossa frente, dispostos a impedir que tentássemos continuar filmando. Não percebemos o que acontecia, até que vimos passar o general Augusto Pinochet em pessoa, verde e inchado, caminhando até seu escritório com um ajudante militar e dois civis. Foi uma visão instantânea que não nos deu tempo para nada. Mas ele passou tão perto de nós, sem olhar-nos, que ouvimos com toda clareza o que disse ao passar:

— Nas mulheres não se deve acreditar nem quando dizem a verdade.

Ugo ficou petrificado, com o dedo tenso no gatilho da câmara, como se estivesse vendo passar seu destino. "Se alguém tivesse ido lá para matá-lo" disse mais tarde, "teria sido muito fácil." Embora ainda tivéssemos três horas de trabalho pela frente, nenhum de nós sentiu-se com ânimo de continuar filmando naquele dia.

Um louco no restaurante

Assim que terminamos o assunto La Moneda, a equipe italiana saiu do país com o material restante sem nenhum contratempo. Completamos, assim, trinta e dois mil e duzentos metros de filme. A versão final, depois de seis meses de edição em Madri, ficou reduzida a quatro horas para a televisão e duas para o cinema.

Embora o programa original tivesse terminado, Franquie e eu ficamos mais quatro dias, com a esperança de conseguir o contato com o General Eletric. Durante dois dias fui de seis em seis horas a um mesmo café, tal como tinham me indicado por telefone. Sentava-me, esperava sem pressa, lendo uma vez mais o exemplar de *Los Pasos Perdidos* que me servia de amuleto para voar. O contato esperado, uma garota angelical de vinte anos com o uniforme da afrescalhada escola *La Maisonette*, chegou na penúltima vez, e me deu as pistas para o passo seguinte: o conhecido Restaurante Chez Henri, em Portales, onde eu deveria estar essa mesma tarde às seis com um exemplar do *El Mercurio* e uma revista em quadrinhos.

Cheguei um pouco atrasado porque o táxi ficou no engarrafamento da manifestação de um novo movimento de resistência pacífica contra a ditadura, surgido na época do sacrifício de fogo de Sebastián Acevedo em Concepción. Enquanto os carros da polícia tentavam dispersá-los com jatos de água de alta pressão, mais de duzentos manifestantes ensopados até a medula permaneciam impassíveis contra o muro, cantando hinos de amor. Ainda comovido por aquela manifestação sublime, me sentei num banquinho para ler a página editorial do *El Mercurio*, como a colegial tinha me indicado, à espera de que alguém se aproximasse para me perguntar: "O senhor se interessa muito pelas páginas editoriais?" Eu deveria responder que sim. O outro devia me perguntar por que, e eu deveria responder: "Porque trazem informação de tipo econômico que interessa muito para a minha profissão." Em seguida sairia do restaurante e encontraria um automóvel me esperando na porta.

Tinha lido três vezes as páginas editoriais completas, quando alguém passou atrás de mim e me deu uma batidinha com o cotovelo nos rins. Falei para meus botões: "É este." Olhei. Era um homem de uns trinta anos, lento e de costas maciças, que continuou direto até o banheiro. Pensei que seu sinal teria querido dizer que o seguisse até lá, mas não fui, pois faltava a senha. Continuei vigiando o banheiro, até que regressou por onde tinha passado antes e me deu outra batidinha igual à primeira. Então virei, e vi seu rosto. Tinha um nariz de couve-flor, os lábios como chouriço, as sobrancelhas partidas.

— Oi — me disse. — Como vai?
— Bem, muito bem —, respondi.

Sentou-se no banquinho ao meu lado e me falou com muita familiaridade.

— Lembra de mim?
— Claro, homem — respondi para seguir a corrente —, como não?

Continuamos assim uns minutos, e eu mostrava o jornal de maneira ostensiva para que ele recordasse a senha. Mas ele não se deu conta. Continuou ao meu lado, olhando para mim.

— Bem — disse ele —, porque não me paga um café?
— Ora, com muito prazer.

Pedi dois cafés ao garçom, mas ele só serviu um no balcão.

— Pedi dois — disse. — Um para este senhor.
— Ah, sim — respondeu o garçom —, vamos servir já, já.
— Mas por que não serve agora?
— Sim, já vamos servir.

Mas não serviu. O mais curioso é que o homem parecia não se importar, e a extravagância da situação aumentou meu nervosismo. Pôs uma mão em meu ombro e disse:

— Parece que o senhor não se lembra de mim, hein?

Nesse momento tomei a decisão de ir embora.

— Olha, para ser franco, não lembro.

Ele tirou da carteira um recorte de jornal manuseado e amarelado, e colocou-o na frente dos meus olhos.

— Eu sou este — disse.

Então reconheci. Era um antigo campeão de boxe, muito conhecido na cidade, mais por seu desequilíbrio mental que por suas glórias passadas. Disposto a ir embora antes de virar centro de atenções, pedi a conta.

— E meu café? — disse ele.

— Vá tomá-lo em outro lugar — respondi. — Posso lhe dar o dinheiro.

— Que negócio é esse de me dar o dinheiro? — disse ele. — O senhor acha que porque me nocautearam estou tão fodido que não tenho mais dignidade? Não me venha com essa babaquice!

Gritava de tal maneira que todos os olhares do local se viraram para nós. Então agarrei seu tremendo pulso de boxeador e apertei-o com estas mãos de lenhador que por sorte herdei de meu pai.

— O senhor fique tranquilo, entende? — disse olhando-o nos olhos. — Nenhuma palavra mais!

Tive sorte, porque se acalmou com a mesma rapidez com que tinha se exaltado. Paguei depressa, saí na noite glacial e fui para o hotel no primeiro táxi. Na recepção encontrei uma mensagem urgente de Franquie: *Levei sua bagagem para o 727.* Não era preciso nada mais: o 727 era o nome secreto que Franquie e eu tínhamos dado à casa de Clemencia Isaura, e o fato de que ele tivesse levado minha bagagem para lá depois de abandonar o hotel voando, era um indício definitivo de que o círculo tinha acabado de se fechar. Saí disparado para lá, mudando de táxi e de sentido cada vez que achava que devia, e encontrei Clemencia Isaura em seu estado de placidez imortal, vendo um filme de Hitchcock na televisão.

Ou vai embora ou mergulha

O recado que Franquie deixou com ela era muito explícito. Naquela tarde tinha chegado um par de agentes à paisana perguntando por nós no hotel. Examinaram e copiaram nossas fichas de registro. O porteiro contou isso a Franquie, que fingiu não dar nenhuma importância a uma coisa que podia muito bem ser rotineira no estado de sítio. Pagou os quartos sem demonstrar nenhuma inquietação, pediu ao porteiro que chamasse um táxi para ir ao aeroporto internacional, e despediu-se com um aperto de mão e uma gorjeta inesquecível. Mas o porteiro não engoliu a isca. "Posso conseguir para vocês um hotel onde não os encontrarão nunca", disse. Franquie, é claro, achou melhor bancar o desentendido.

Clemencia Isaura tinha um quarto pronto para mim, e mandara a criada e o chofer saírem para que não houvesse ouvidos nas paredes nem olhos nos espelhos. Enquanto me esperava, tinha preparado um jantar esplêndido, com velas, vinhos de alta classe e sonatas de Brahms, seu autor favorito. Esticamos a conversa da sobremesa até muito tarde, com ela chafurdando no pântano de suas frustrações tardias. Não se resignava à realidade de ter perdido a vida criando filhos para os *momios*, jogando canastra com matronas imbecis, para terminar tecendo meias de lã na frente das lacrimejantes novelas da televisão. Aos setenta e dois anos descobria que sua verdadeira vocação tinha sido a luta armada, a conspiração, a embriaguez da ação intrépida.

— Para morrer numa cama com os rins podres — disse ela —, prefiro que me picotem a tiros num combate de rua com os milicos.

Franquie chegou na manhã seguinte com um automóvel alugado, diferente do que tínhamos nos dias anteriores. Trazia um recado categórico recebido por três caminhos diferentes: "Ou vai embora ou mergulha." Mergulhar, que equivalia a me esconder sem continuar a trabalhar, era uma opção impensável. Franquie concordava e tinha conseguido os dois únicos lugares disponíveis no avião que saía naquela tarde para Montevidéu.

Era o ato final. Na noite anterior tinha desfeito a primeira equipe chilena, com instruções para que esta desfizesse as outras duas, e entregou a um emissário da resistência as três últimas latas de filmes expostos para que fossem tiradas do país o mais cedo possível. Foi tão bem feito que quando chegamos a Madri, cinco dias mais tarde, Ely já tinha recebido tudo. As latas de filme haviam sido levadas à nossa casa por uma freira muito jovem e encantadora, idêntica a Santa Terezinha de Jesus, que não quis ficar para o almoço porque tinha que cumprir naquela manhã outras três missões secretas antes de regressar ao Chile naquela mesma noite. Há pouco descobri, por uma casualidade incrível, que era a mesma freira que tinha me servido de contato na igreja de San Francisco, em Santiago.

Eu me negava a ir embora enquanto existisse uma possibilidade de entrevistar o General Eletric. O contato tinha tornado a se perder no restaurante, mas enquanto tomávamos o café da manhã em casa de Clemencia Isaura, fiz um novo telefonema, e a mesma voz feminina de sempre me pediu que ligasse outra vez duas horas mais tarde para uma resposta definitiva: sim ou não. Então decidi que se conseguisse o contato um minuto antes que o avião saísse, ficaria em Santiago sem pensar no risco. Senão, iria para Montevidéu. Resolvi encarar a entrevista como uma questão de honra, e me doía na alma não arrematar com ela minhas seis semanas de graças e desgraças no Chile.

O segundo telefonema teve o mesmo resultado: era preciso repeti-lo outra vez dentro de duas horas. Clemencia Isaura cismou de dar-nos um revólver de bandoleiro que seu marido manteve sempre debaixo do travesseiro para espantar ladrões, mas conseguimos convencê-la de que seria uma imprudência. Despediu-nos banhada em lágrimas, e não creio que fosse tanto pelo afeto real que sentia por nós, mas pela dor de ficar sem a emoção de novas aventuras. A rigor, ali ficou meu outro eu. Tirei as coisas pessoais indispensáveis, coloquei-as numa pequena maleta de mão, e deixei para Clemencia Isaura a mala de rodinhas com os ternos ingleses, as camisas de linho com monogramas alheios, as gravatas italianas pintadas a mão, a suntuosa parafernália de salão do homem que eu mais havia detestado na vida. A única coisa que conservei dele foi a roupa que vestia, e que esqueci de propósito três dias depois num hotel do Rio de Janeiro.

As duas horas seguintes foram gastas comprando presentes chilenos para meus filhos e para os amigos do exílio. De um café vizinho à *Plaza de Armas* telefonei pela terceira vez e obtive a mesma resposta: tornar a ligar dentro de duas horas. Mas então não me atendeu a mulher, e sim um homem que deu a senha e a contrassenha correta, e me advertiu que se na próxima vez não tivessem estabelecido contato seria impossível fazê-lo antes de duas semanas. Foi deste jeito que fomos para o aeroporto, para telefonar de lá pela última vez.

O trânsito estava interrompido por causa de obras em vários lugares, a sinalização era confusa e os desvios numerosos e complicados. Franquie eu conhecíamos muito bem o caminho do velho aeroporto de Los Cerrillos, mas não o de Pudahuel, e sem saber como, nos vimos perdidos num denso subúrbio industrial. Demos muitas voltas, buscando uma saída para qualquer lugar, e não percebemos que andávamos na contramão até que uma radiopatrulha atravessou o caminho na nossa frente.

Desci do carro e decidi driblá-los. Franquie, enquanto isso, afogou-os com o manancial de sua incontrolável lábia florida, sem dar a eles um respiro para conceber nenhuma suspeita. Contou-lhes apressadamente o fabuloso contrato que tínhamos vindo assinar com o Ministério de Comunicações para estabelecer no Chile uma rede nacional de controle de trânsito por satélite, e explicou-lhes o risco dramático de que o projeto inteiro fracassasse se não pegássemos dentro de meia hora o avião para Montevidéu. No fim estávamos todos tão enrolados tentando estabelecer uma rota possível para retomar a estrada do aeroporto, que os dois *carabineros* subiram pulando na viatura e nos mandaram segui-los.

Dois penetras em busca de autor

Foi assim que chegamos ao aeroporto com o caminho varrido pelas sirenas alarmantes e os relâmpagos vermelhos do automóvel da polícia disparado a mais de cem por hora. Franquie correu até o balcão da Hertz para entregar o carro alugado. Eu corri para o telefone, disquei o mesmo número pela quarta vez nesse dia, e estava ocupado. Insisti duas vezes mais, e na terceira consegui, mas perdi um tempo precioso porque a mulher que atendeu não identificou a senha e desligou indignada. Tornei a ligar e então atendeu a mesma voz de homem das vezes anteriores, pausada e terna, mas sem nenhuma esperança. Tal como tinha me advertido, não havia esperança antes de duas semanas. Quando desliguei, furioso e desiludido, faltava meia hora para a saída do avião. Estava combinado com Franquie que eu passaria a alfândega, enquanto ele terminava de acertar as contas na Hertz, de maneira que pudesse escapar e dar o alarma para a Corte Suprema de Justiça se me prendessem na saída. Mas na última hora resolvi esperá-lo na entrada da alfândega. Demorava mais do que o normal, e à medida que o tempo passava eu ficava mais evidente com minha maleta de executivo e duas malas de viagem, além dos pacotes de presente. Pelos alto-falantes, uma voz de mulher que me pareceu mais nervosa que eu, fez a última chamada dos passageiros do voo para Montevidéu. Cheio de pânico dei a um carregador a maleta de Franquie e uma nota gorda, e disse:

— Leve esta maleta ao balcão da Hertz, e diga ao senhor que está pagando que eu fui para o avião, e que venha já.

— Vá o senhor mesmo — me disse ele —, será mais fácil.

Então me dirigi a uma funcionária da companhia aérea que controlava a entrada dos passageiros.

— Por favor — disse a ela —, espere dois minutos enquanto procuro meu amigo que está pagando o automóvel.

— Faltam só quinze minutos — disse ela.

Corri até o balcão sem me preocupar com as aparências. A angústia tinha feito com que eu perdesse a parcimoniosa compostura de meu outro eu, e tinha tornado a ser o cineasta impulsivo que sempre fui. Muitas horas de estudo, de previsões milimétricas, de ensaios minuciosos, tinham ido para o diabo em dois minutos. Encontrei Franquie muito calmo, discutindo com o funcionário da Hertz a taxa de câmbio.

— Caralho! — disse a ele. — Pague o que for, e te espero no avião. Temos cinco minutos.

Fiz um esforço supremo para me acalmar, e enfrentei o controle migratório. O agente folheou o passaporte e me olhou fixo nos olhos. Eu olhei igual, depois olhou a foto e tornou a me olhar, e eu mantive meu olhar.

— Para Montevidéu? — perguntou.

— Para comer a comidinha de mamãe — respondi.

Olhou o relógio eletrônico na parede e disse: "Montevidéu já saiu." Insisti que não, e ele falou com a empregada da Lan-Chile, que confirmou que estavam esperando por nós para fechar o voo. Faltavam dois minutos.

O funcionário carimbou o passaporte e devolveu-o sorrindo.

— Boa viagem.

Mal tinha terminado de passar o controle, quando me chamaram pelo alto-falante, com meu nome falso a todo volume. Pensei que era o fim, e cheguei a imaginá-lo como uma coisa que até aquele momento só podia acontecer com os outros, mas que agora estava acontecendo comigo, sem remédio. Pensei nisso inclusive com uma rara sensação de alívio. Porém quem me chamava era Franquie, porque eu tinha levado seu cartão de embarque entre meus papéis. Tive de correr outra vez para a saída, pedir licença ao oficial que tinha carimbado meu passaporte, e tornar a passar pelos controles arrastando Franquie.

Fomos os últimos a subir no avião, e fizemos isso com tanta pressa que não tive consciência de estar repetindo um por um os mesmos passos que tinha dado doze anos antes, quando subi no avião que me levou para o México. Ocupamos os últimos lugares, que eram os únicos disponíveis. Então padeci a emoção mais contraditória da viagem inteira.

Senti uma grande tristeza, senti raiva, senti outra vez a dor intolerável do desterro, mas senti também um alívio imenso: todos os que participaram da minha aventura estavam sãos e salvos. Um anúncio inesperado pelos alto-falantes do avião me pôs de novo na realidade:

— Por favor, todos os passageiros devem ter suas passagens na mão. Há uma revista.

Dois funcionários que podiam ser da empresa ou do governo já estavam dentro do avião. Viajei muito, e sei que nos aviões não é raro que peçam o cartão de embarque na última hora para alguma comprovação a bordo. Mas era a primeira vez que pediam a passagem. Isto permitia pensar em qualquer coisa. Angustiado, procurei um refúgio nos maravilhosos olhos verdes da aeromoça que distribuía balinhas.

— Isto é absolutamente insólito, senhorita — disse.

— Ah, senhor, o que quer que eu faça? — respondeu ela. — Isso não está em nossas mãos.

Brincando, com sempre fazia nos momentos de perigo, Franquie perguntou-lhe se ela pernoitaria em Montevidéu, e ela disse no mesmo tom que perguntasse ao seu marido, o copiloto. Eu, por meu lado, não podia suportar nem um minuto mais a ignomínia de viver escondido dentro de outro. Senti vontade de levantar e receber os dois funcionários aos gritos: "Vão todos para o caralho, eu sou Miguel Littín, diretor de cinema, filho de Cristina e Hernán, e nem vocês nem ninguém tem o direito de me impedir de viver em meu país com meu próprio nome e minha própria cara." Mas na hora da verdade me limitei a mostrar a passagem com a maior solenidade de que fui capaz, agachado dentro da couraça protetora do meu outro eu. O homem mal e mal olhou, e devolveu-a sem reparar em mim.

Cinco minutos depois, voando sobre a neve rosada dos Andes ao entardecer, tomei consciência de que as seis semanas que deixava atrás não eram as mais heroicas da minha vida, como eu pretendia ao chegar, e sim algo mais importante: as mais dignas. Olhei o relógio: eram cinco e dez. Naquela hora, Pinochet teria saído do gabinete com sua corte de áulicos, percorrido a passos lentos a longa galeria deserta, e descido ao primeiro andar pela suntuosa escadaria atapetada, arrastando os trinta e dois mil e duzentos metros de rabo de burro que tínhamos pregado nele. Pensei em Elena com imensa gratidão. A aeromoça de olhos de esmeralda nos serviu um coquetel de boas-vindas e nos informou sem que perguntássemos:

— Acharam que um penetra tinha entrado no avião.

Franquie e eu levantamos os copos em sua homenagem.

— Entraram dois — disse eu. — Saúde!

Este livro foi composto na tipografia
Minion Pro, em corpo 11,5/15, e impresso em
papel off-white no Sistema Digital Instant Duplex
da Divisão Gráfica da Distribuidora Record.